日本亲子教育专家十年育儿宝典

東大脳は12歳までに育てる

妈妈这样做
孩子更聪明

〔日〕谷 亚由未◎著 邢建生 任云◎译

民主与建设出版社

图书在版编目（CIP）数据

妈妈这样做，孩子更聪明 / (日) 谷 亚由未著；邢
建生, 任云译. -- 北京：民主与建设出版社, 2015.7（2018.8重印）

ISBN 978-7-5139-0729-3

Ⅰ.①妈… Ⅱ.①谷… ②邢… ③任… Ⅲ.①家庭教
育 Ⅳ.①G78

中国版本图书馆CIP数据核字(2015)第220522号

著作权合同登记号　　图字：01-2015-5581

出 版 人：许久文
责任编辑：李保华
整体设计：尚世视觉
出版发行：民主与建设出版社有限责任公司
电　　话：(010)59419778　　59417745
社　　址：北京市朝阳区阜通东大街融科望京中心B座601室
邮　　编：100102
印　　刷：保定市西城胶印有限公司
版　　次：2016年1月第1版　2018年8月第4次印刷
开　　本：32
印　　张：7
书　　号：ISBN 978-7-5139-0729-3
定　　价：36.00元

注：如有印、装质量问题，请与出版社联系。

此书献给全天下的母亲
衷心祝愿你的孩子幸福！

作者简介

●谷亚由未

完美妈妈株式会社教育培训顾问。

完美妈妈株式会社社长。一个孩子的母亲。

从名古屋市立女子短期大学毕业以后，进入富士通担任IT技术指导员一职。

● 1998年23岁时结婚，26岁时儿子出生。做了3年的全职家庭主妇以后重新开始工作。在自己家里办了一个家教辅导班。学习了教育培训，2004年成为职业讲师。

● 2006年6月，41岁的时候，成立了股份制的顾问公司，为个人和单位的提升提供帮助。公司主要业务除了指导培训、信息输入的企业培训外，还开展了很多PTA座谈会以及育儿方面的讲座等。

● 在这期间，独生子2003年进入私立东海中学，2006年又进入东海中学高中部。高中三年级的时候作为学校的特优生，学费获得全免。儿子没有上过任何补习班，只上过通讯班，2009年春，应届考入了东京大学理科二类专业就读。她以此为契机，提出了技能和指导一体化的亲子教育方案。2010年3月，成立了完美妈妈公司，旨在创建一个人人自立自强的社会。

● 出版过的书籍有《妈妈这么说，孩子最优秀》和《中学时期孩子的干劲取决于父母》。

http://www.precious-mammy.com

序言

大家好！我是本书作者谷亚由未，非常感谢大家对本书的关注。

你是否期望自己培养出来的孩子是这样的：

自理能力十足、聪明可爱，并且拥有远大的理想与抱负。

我相信大多数的父母对孩子都有过这样的期待吧！

但是，在我们实际教育孩子的过程中，往往事与愿违。这时候，我们也不免茫然不知所措，也会烦恼不已，日复一日，作为家长的我们也会变得焦躁、疲惫不堪。

到底应该用什么样的方法来教育孩子？孩子到底要何时才能够长大成人？孩子长大后会不会有出息？甚至长大以后

还不得不继续花费大量的时间、金钱在他（她）身上，一想到这些，更是惶惶不可终日。

我曾经一度这样想过：天哪，这样下去往后的日子真的没法过了！的确如此，因为我也是一个平凡的母亲，我也的确萌生过这样的想法。

如果你看到这里，也产生了跟我一样的想法……那么，请你接着往下读。

·有这样一个孩子：自行决定并一举考上了东京大学，考上大学之前没有参加过任何跟考试有关的培训班，填写志愿的时候也没有报考其他学校的同等专业（因为对于他来讲，其他学校更有把握），上高三的时候甚至成为学校特优生，学费全免。可以说，这个孩子真的没有让他的妈妈操半点儿心。

大家不禁要问了：他的母亲到底用了什么样的教育方法，能够培养出这么优秀的孩子呢？

实际上，这个孩子就是我的儿子。

我儿子出生于1991年，2009年春季，他考上了东京大学理科二类专业。有人又要好奇地问了，如此平凡的母亲，凭什么能培养出如此优秀的孩子：自律性强，并且拥有自己独立的想法？

现在回过头来一想，我跟周围母亲的教育方法确实还是有些不同的。

说起我的教育方法，还得从有一件事情说起：那年，38岁的我开始学习教育培训，我儿子刚好上小学6年级。我后来才发现，教育培训这件事情，不光在教育孩子这方面起到了很好的沟通作用，其实还暗含了很多脑科学和认知心理学的知识原理。

我也是从教育培训中发现：原来我儿子是这样的一个孩子啊！直至后来他上了中学，这件事对我们之间的关系影响还是很深。

对于孩子我做到了以下几点：

- 我与孩子从小就很亲密，并且对孩子进行了良好的幼儿教育。

- 在小学时期，跟孩子之间很好地进行语言交流、沟通，前面提到的教育培训一事，从中深究出来的育儿知识原理就很具有意义。

● 中学以后，我对孩子实行了放手不管的教育方法，
　我自己则是以身作则，严格要求自己。

不管你的孩子是男孩还是女孩，在教育孩子的过程中，你只要认真考虑并做到了以上三点，对孩子来说都应该会起到一个非同凡响的效果。如若不然的话，我想我应该就此搁笔了！

我的育儿方法其实并不出奇。我深知自己平凡不已，当初在这方面我也是完全没有信心的，我甚至也深深地自责过：我根本就不配做一个母亲，为什么我会这么失败呢？为什么在育儿这条道路上会有如此多的不顺心呢？

但是，事实上，在我这样胡思乱想的同时，孩子却一天天成长、一天天懂事起来：他能够完全的自立自强，一举考上东京大学，能够有目的地进行某项追求，面对将来也有了梦想和抱负，还能够牢牢抓住自己的理想不放手……如此种种都让我这个母亲倍感欣慰。

正因为如此，我更加想要把我的经验传达给各位努力在育儿道路上的妈妈们。在育儿这条"取经"的道路上，没有所谓的正解，对于孩子，家长只需要做到力所能及就好，那些为了孩子去牺牲自我的做法是完全没有必要的、

是徒劳的。与此相反，应该做到的恰恰是：更加放宽心，尽情去享受作为一个母亲的快乐。这就是所谓的跟孩子能够独立密切相关的东西。

38岁以前，我只是一个家庭主妇，就因为偶然"结识"了教育培训这件事，才开始对工作产生兴趣，甚至后来还出版了书籍。正因为我经历了这些，在育儿这方面才会有千言万语想要表达出来。

如果这本书所传达的育儿信息在你的育儿过程中起到了一定的效果，那我将荣幸之至！

目录

1

Part 3　孩子6岁之前要做的事情

Part 4　在孩子12岁之前应该做的事情

Epilogue 孩子初高中期间，好妈妈的六个心得

结束语

人人都能创造聪明大脑

无论是什么样的孩子都能够拥有聪明大脑，因为每个孩子都隐藏着这样的可能，他们能够自己独立思考问题、自主学习，还能够实现自己的梦想。

　　不管是什么样的孩子都能够培养出聪明大脑，在这本书里面，我就谈一谈这些可能性隐藏起来的根本原因。

1.在12岁之前锻炼孩子的脑力和心智

为什么是在12岁之前呢?

我前几天做了一次演讲,听完我的演讲,有人说了下面这样一段话:"我完全不赞同你的说法,小孩就应该有小孩的天性,小时候就应该让孩子尽情地玩耍,等大一点了再叫孩子赶紧学习,赶紧学习!"

在今天这个社会,通过电视、杂志等工具,琳琅满目的婴幼儿教育方法可谓是触手可及、尽收眼底。对此日渐关注的妈妈们也多起来了,但是,先别说去着手这个事情有多费劲,有很多人光想想就觉得很难实施。

所以说,最初的原动力对于人的学习能力和创造力能起到至关重要的作用。

1. 人的大脑机能90%在6岁以前就已经形成了，而且在1岁以前大脑的活跃性至关重要。
2. 学习能力的基础是阅读和算术。也就是说小学阶段所学习的一切都是在打基础。
3. 要尽早养成好的学习习惯，学习习惯同小孩刷牙习惯的培养是一样的，越早越好。
4. 孩子小学时期，大人对孩子形成自我认识有很大的影响。
5. 孩子上中学以后对父母的话语就不再唯命是从。

因为以上种种原因，我才建议要在12岁以前锻炼孩子的脑力和心智。

如果在小学的时候，孩子能够自主学习，并且能够具备一定的自立能力，在上中学以后，这样的孩子大多能够成为独立自主的孩子。

这样一来，母亲就能够先考虑一下自己的人生道路，甚至可以使孩子也更加努力地追逐自己的人生。

那么，就让我们一起为培养孩子们的聪明大脑而努力吧！

2.培养聪明大脑三部曲

在本书中，关于如何培养聪明大脑，要细分为三个步骤来讲解。

首先，在孩子6岁以前，尽可能多地刺激孩子的五官，培养孩子开动脑筋的好习惯。母亲要在日常的生活当中，坚持以身作则的观念来培养孩子。

其次，在12岁之前，也就是在孩子小学阶段，在教育方面要特别注意多给孩子言语上的鼓励，让孩子拥有自信心。

最后，在孩子进入初高中以后，孩子也进入了青春期，父母要尽量少干预，做到充分相信孩子，对孩子彻底放手。

在12岁之前这段时间里，如果你的孩子已经学会了自主学习，具备了对事物的判断能力，对一般的事情能够自己动手，那你就放心地、百分之百地去相信孩子吧！

我所理解的聪明大脑是：有自己的思想，能够朝着梦想前进的大脑。通过这三部曲，如果你的孩子能够开辟出一条自己的人生道路，我写本书的目的就达到了。

培养聪明大脑的三个步骤

1. 6岁之前刺激孩子的大脑

在日常生活中刺激孩子的五官，培养孩子多动脑筋的好习惯！

2. 12岁之前培养孩子的自信

孩子会受到父母言语的影响，能从正面的语言中获取自信！

3. 13岁以后一定要放任自由

充分相信孩子，完全放开孩子！

3.不花钱也能培养孩子的聪明大脑

你是否有过这样的想法："要想让孩子考入东大或有名的公立大学，或者好点儿的私立大学，都必须要孩子从小就进入辅导班。如果不上辅导班，这些好大学似乎都遥不可及。"

但是，只要在12岁之前用心培养孩子的学习习惯，孩子一定会学会自主学习，并且能够为自己的将来做打算。

所以，在我看来，一切的辅导班都没有必要！

就拿我自己儿子为例来说吧，他初中高中一直都在私立学校上的，只在小学5年级后上过两年的辅导班。那时候辅导班每个月差不多花费2.5~3万日元，高中一年的学费差不多是45万日元左右。令人欣慰的是：儿子在高三那学期成为了学校的特优生，学费全免了。

考进大学之前，跟我儿子一样也没有上过一天辅导班，只是上过通信教育班的人，1年的费用算下来也就在20万日元元左右。也有的孩子初高中都在公立学校上，同样考上东京大学，比起我儿子，这些孩子的花费可能更少，但是我觉得我儿子所花费的也不算多。

这只是一个例子，我并不是想说在孩子的教育方面花不花钱都无所谓。

我所担心的是，家长们都会随波逐流，主观地认为不去上辅导班考试就会一败涂地；不去上辅导班考试就注定会失败。

要想进有名的好点的大学，初高中就必须要进一些好的私立中学，要想进入私立中学，从小学三四年级开始就得上辅导班了，不然的话，考试仍然没法通过，等等。

如果受到强迫性想法的左右，就算你让孩子去上了辅导班，孩子也决定了前进的方向，这样的想法与做法也至少是我不敢苟同的。

事实上，在我儿子上高三的时候，我也曾跟他说"要不你也去上个辅导班吧"，当时我儿子的回答是很干脆的"不去"。说实话我当时还挺担心的，要是真不去上辅导班，能考得上东大吗？

后来我儿子跟我说了很多不去辅导班的理由：去辅导班上的课程都是他已经知道了的，这样很浪费时间；再说，他只想以自己的学习进度来学习，有不明白的地方，完全可以去问老师。听了他这些理由，我也终于放心了，心想：就由他自己去吧。

培养出聪明大脑也不是光花钱就能办到的事情。

它是个日积月累的过程，让孩子树立信心，坚信自己的能力，有独立的判断能力，有自己动手解决问题的能力，这些都要从小坚持培养才有可能养成聪明大脑。

我们作为父母，一定不要随波逐流，要有自己的判断力：这条道路适不适合我的孩子？我的孩子能适应这个学校吗？这样的学习方法对我的孩子有效吗？等等，家长们都要有一个客观的认识。对自己的信念要坚定不移，对孩子要持永远支持的态度。

丢弃陈旧的思想包袱

✖ 如果不花钱就没法养成聪明大脑。

✖ 不去参加辅导班就没法学有所成。

⬇

⭕ 12岁之前一定要培养孩子的动手动脑能力。

⭕ 作为父母千万不能随波逐流。

⭕ 每个孩子都是独一无二的，所以，适合孩子的道路、学校等都会有所差异。

> 其实，要教育孩子，在日常生活中就足以！

Part 1

好妈妈的七大思考习惯

孩子的未来是由父母创造的，这句话在教育层面上来讲，会不会让大家产生一种误解呢？

　　所以，在这部分提及的7种立场是作为母亲不得不牢牢把握的。

1.不要担心

有这样一些母亲，她们成天都在担心这担心那的，比如想到以后的事情、日常生活的琐事，或者是想到要去的某个地方、考试结果、面临的考试，等等。只要一想这些，她们都会过度焦虑、担心。这还不够，她们一边自己担心，一边还要干预别人的生活。

有人认为，对孩子担心就表示对孩子关心，这就是爱护孩子的证明。也不是说所有的担心都会变成孩子的压力，但是一边担心孩子，一边又不停地给孩子传递一些消极的、负面的情绪，这才是最糟糕的事情。

父母担心孩子，是因为父母在自己脑海中描绘了孩子不能积极面对困难的画面，从而产生为孩子担心的想法。在教育孩子的时候，就会把这种负面的担心带进来，通过语言传达给孩子。

"你有忘带的东西吗？"等同于"你把东西给忘了！"

"这样做行不行呀，没有关系吧？"等同于"哎，又失败了！"

"再不努力学习的话，考试就没法及格了哦！"等同于"不学习就会不及格！"

不管是以上哪一种表达方式，都不会让人展露笑容，给人传达出一种积极进取的动力。

如果长期以这样的方式去教育孩子，孩子的脑海中就会经常产生破罐子破摔的想法。

既然这样的方式会让孩子产生抵触情绪，那么，不妨试试下面的表达方式！

"需要的东西全部都带齐了吧！"

"你再努力一点点的话，肯定没有问题的！"

"再鼓足一股劲儿，加油，等你考试合格了我们再一起庆祝吧！"

怎么样？这样的表达方式是否给人全然不同的感觉呢？

这样的话孩子听了之后一定会干劲十足，"放心吧，我一定会加油的！"

这就是一种是由潜意识转化为语言的方法，而另一种则是由语言转化为潜意识。

一切从正面的、积极的潜意识中所激发出来语言，都能够给孩子的未来增添一份勇气与干劲。

归根结底，只要你从心里充分相信你的孩子，你就不会对他做无谓的担心。担心是因为信任不足造成的。

得到父母的关怀和信任，对于孩子来说，无疑都是前进道路上的原动力，可见受到信任这件事是多么的重要啊！

孩子的将来跟父母的表达方式密切相关

让积极的话语来吹散埋藏在你心里的担心吧！

2.孩子的幸福跟父母的不一样

孩子大概到了5年级的时候，通过一些实践，对于未来开始有一个具体的印象。

有很多孩子从小就会被大人灌输什么样的职业比较好之类的观念，长大之后，可能就会朝着这个方向发展。这样的例子是时有发生的。

给孩子制定明确的目标，虽然也算是一件让孩子受惠的事情，但是与此同时，这样也让孩子未来的道路变得狭窄。我们作为父母应该有这样的认知：对于孩子来说最好的人生道路是说不清、道不破的。

如果父母总是将一些老旧的思想一股脑儿倒入孩子的脑海中，然后让孩子就靠着这样的思想活下去，我想这并不是孩子自己应该有的人生价值观。毫不夸张地说，这根本算不上是自己的人生，只是过着别人的人生，如此一来，当然得不到自己想要的真正的幸福。靠着父母的价值观走出的人生道路，是没有幸福可言的。

对于孩子来说，什么是最大的幸福？那就是以自己的人生价值观为基础，最大限度地发挥自己的能力优势，这样的人生才会发光，才会有幸福感可言。而父母在此过程中，需要做的只是打气、加油！

就算是父子或母子之间，在对待同一件事情时的观点也会有所差异。孩子想要选择的道路，即使在父母看来是行不通的，或者是跟父母的意愿是相违背的，对于孩子来说也是理所当然的事情，毕竟那是孩子自己的选择。爸爸妈妈们，孩子未来的道路，是由孩子自己来选择的，为了孩子的幸福，让我们成为孩子们强有力的后盾吧！

3.为孩子的不同寻常而骄傲

在孩子上初中、高中的时候，常常会听到同年级的家长们这样说："我家的孩子现在真的是一根筋，要是能够努力学习的话，那该有多好啊！""我的孩子到现在还是每天放学后都跑去堤坝捕捉昆虫，搞得家里现在满房间都是昆虫标本！"也有的家长说："我的孩子还老说自己的运气真是太好了，对于学习完全没有问题，这让人听了真是不禁捏把汗啊！"

对于我来讲，每个孩子都是独一无二的，都是天使。不同的孩子有不同的喜好，不同的孩子拥有不同的思维方式。有的孩子努力的同时还能够享受努力带来的乐趣，还有的孩子总是坚信自己好运气。不管是哪一种，我都觉得这样的孩子非常棒！

我儿子上初中和高中的时候经常这样跟我说：我们学校有好多怪人哦。其实他觉得别人是怪人，殊不知自己才是怪人中的怪人。按照他的意思，最具代表性的怪人们都集中在了东京大学。

但是，当被别人说起你还真跟一般人不一样呢，我会觉得这句话是在表扬自己。不管是爱因斯坦也好，还是爱迪生也好，他们的想法也曾经不被周围的人所理解，因而也曾被当成怪人。

就像很多获得诺贝尔化学奖的人们，他们所感兴趣的事情是普通人没有办法理解的，并且他们将自己的兴趣付诸了实际行动，取得了一定的成效，所以被当成是"怪人"。其实所谓的"怪人"，是有能力改变世俗的人。

所以，即使你的孩子跟周围的孩子不一样，不能依照父母的想法来办事，我们也要把这个孩子当成是了不起的孩子，去肯定这个孩子！只有这样，才能够最大限度地让孩子去施展他们的才能！

4.不要顽固，做好榜样

话说回来，父母到底应该是什么样的人呢？

我们好多人在成为父母之前，根本没有想过将来如何教育孩子，甚至还没有做好当爸爸妈妈的心理准备，就这样糊里糊涂地成为了孩子的父母。

我不知道为什么当我们为人父母的时候，就会产生这样的错觉：觉得自己瞬间变得高大起来，很有成就感。往往对自己很宽容，对孩子却倍加苛刻，在孩子面前非要摆出一副家长的样子。

作为家长都会有一种强烈的责任感：那就是，我一定要把孩子给教育好。越是抱着这种想法，在对待自己和孩子的时候就会越苛刻。这样一来，我们就没法看见孩子的烦恼和失败的一面，因为孩子不敢在家长面前叫苦叫累，最后导致孩子只会一味逞强。

可这样的教育方式能给孩子带来了什么呢？我觉得孩子不光是没有任何收获，更是徒增痛苦罢了。父母想要看到完美的孩子，实际上是自己在追求完美。听话一点的孩子估计会不动声色，把这种痛苦暗藏在自己的内心里面。

但是，我儿子在我的面前会毫不掩饰他的丑态：在情绪低落无法自控的时候，他会一边哭泣，一边发泄自己的怒气。有时候家里的一些问题也会让孩子倍感痛苦，而这些他都会一一表露在我的面前。

尽管如此，我并没有觉得这有什么不好，也没有因此而责怪我儿子，反而会觉得我孩子很信任我，这也使得我们母子之间的感情更坚固了。

记得我儿子上三年级的时候，跟我说了一段我至今难忘的话。当时他一边哭一边对我说："妈妈，我明明就很坚强的，我也知道妈妈会一直守护在我的身边，我本来也不会哭的，但是……妈妈，对不起！"

虽说我们成为了孩子的父母，但我们也终究还是一个普通人。

烦到极致的时候，我也有过想一头撞死的极端想法。

如果我们让孩子看到父母也有脆弱的一面，然后坐下来好好跟孩子说说自己的烦恼，我想对于孩子来说应该是有益无害的。

即使孩子看到父母脆弱一面的时候也会感到很痛苦，但是，让孩子认识到了父母的态度，促使他萌生出一种自立自强的想法，这难道不是一件值得去尝试的事情吗？

我们不要做追求完美的父母，要以一颗最真诚的心去对待自己的孩子，以最诚恳的态度去对待自己的人生，面对孩子我们要感恩，跟孩子一同成长，对于孩子来说，走出一条属于自己的人生道路意义非凡。

面对孩子，父母摆谱的姿态要适可而止

父母追求完美，
苛刻对待孩子

父母能够坦
诚感激孩子

孩子就会像花儿一
样慢慢枯萎

孩子自然会拼命努
力茁壮成长

5.学会聆听孩子的想法

我儿子上初三的时候，有次开家长会，年级主任老师说了这样一件事：当问及孩子们为什么不愿意跟父母交流的时候，孩子们的回答一般都是下面三个：

1. 说出来的事情反正都会被全盘否定，还不如不说。
2. 和朋友、同学间一比，人家的爸妈真好。
3. 不管说什么，反正父母都会说：赶紧去学习！

看到这里，举这个例子，家长应该能体会其中的意思了吧？

倾听很重要，可不少的家长只是一味倾听自己想听的事情罢了。

倾听，在我学习教育培训的时候，也是需要掌握的最基本的技能。

从一出生，倾听就是人的本能。但在现实中，能够成为一名认真听众的人却是少之又少。

想通过学习成为一名好的听众，又有几人能够做到？况且，倾听这个事，也不是能够现学现用的事情。

大人们大抵都是这样的吧，只有当别人谈及跟自己经验、价值观相投的东西的时候，才会认真去倾听别人的话，然后发表自己的看法。在这种情况下，说话的人只会以为自己说的很有道理，也不会去想听的人能否理解自己所说的内容，因而会觉得自己受到种莫名的冷落，到最后谈话的结果就是一无所获外加再也不想敞开心扉地进行交谈了。

而亲子之间的谈话往往是父母对孩子的期许会多一些，所以不让孩子插话也是时有的事。

那么，跟孩子怎样才能进行高效的谈话呢？那就是跟孩子说话的时候，一定要倾听孩子的内心，倾听孩子心底的想法，倾听孩子的悲伤痛苦，在孩子讲话的时候，也要

注意观察孩子情感的变化。

还有跟孩子谈话的时候，先把自己的意见以及自己难以抑制的情绪搁放到一旁，一边对于孩子的想法表示赞同，一边附和着认真听孩子讲述，最后把孩子所讲诉的内容再原原本本地重复一遍，这样的话，对亲子之间的谈话能起到很好的效果。

接下来，面对孩子诉说的内容，可以说一些抛砖引玉的话来引导孩子把接下来想说的内容都讲出来。比如说"这样啊，还真是讨厌呢，咦，后来怎么啦？那你接下来打算怎么办？"这样一来，孩子就会从你那里得到一种安全感，然后完全放开自己的戒备心，最后会把自己想要表达的跟你和盘托出。

事实上，有人愿意接受真实的自己，对于孩子来说，无疑是前进道路上莫大的动力。

父母善于聆听，孩子才会有所提高！

- 不打断孩子的说话。
- 父母不要一味说自己的意见。
- 附和孩子说话的内容并表示赞同。

从心底接受孩子本来的样子

妈妈能够接受这样的我，让我倍感踏实，顿时觉得充满了前进的动力！

聆听是打开孩子心扉的关键

那是我儿子刚入初中不久，有一次不知怎么的，他刚回到家，就在客厅直接躺下了，然后"哎……哎……"这样不停地唉声叹气。我当时就想：孩子是不是遇到了什么事情、有什么心思呀？这似乎在向我发出求救信号，于是我就忍不住问了他一句："儿子，你怎么啦？"

看样子是在学校发生什么不愉快的事情了。他正在恼于跟某个同学怎么相处，不管事实是怎么样的，至少那个同学在他看来确实是很令人生厌的，他每次在学校跟那位同学一见面就会有种不快的感觉，他担心长此以往，到最后连自己都讨厌自己了。

经我这么一问，他就开始吞吞吐吐地说了，而这时候，我则一直在一旁"嗯，嗯"地附和着听他讲述，并没有出声打断他。

时间过去一个小时了，我儿子还在继续跟我讲着他的事，而我也感觉有些疲惫了，于是，我也躺下来，继续听他诉说着……

整个过程中我基本没有说什么话，只是想起自己中学时在人际关系方面也存在过烦恼，于是就这个事情跟他说了一下，然后问他："你接下来打算怎么办呢？"

时间又过去半个小时，期间，他还时不时地发出哽咽的声音，最后我儿子就跟我说了一句："就这样吧，现在心里舒服多了，妈妈，谢谢你。"然后就回到他自己的房间去了。

这个时候，我才感觉到聆听是一件多么具有意义的事情啊！

跟孩子谈话达到这样一个程度的时候，孩子也会彻底表露自己的心声，这个时候就是作为父母的我们要发挥作用的时候了。不是说要说多少话，或者一开口就怎么样去教训说服孩子，而是要从孩子的话语中得知孩子解决问题的方案，并相信孩子所说的解决方案，认真聆听孩子心底的想法。

这种精神上的支持对于这个时期的孩子来说，才是他们最希望从父母那里获得的精神支柱。

6.温柔守护孩子的梦想

我曾经在日本各地的小学做过一个叫做"梦想地图"的演讲活动，活动期间经常发生下面这样的事情。

有很多孩子在谈及自己将来想要从事的职业的时候，都表现得犹豫不决、迷茫、不知所措。

这样的孩子一般都有一个共同点，那就是都在想：虽然我现在是这么想的，但是将来能不能做到这还是个未知数，况且随着时间的推移，说不定以后就不这么想了，又想干其他的职业了。

包括有些老师们也会这么想：孩子们就算现在说出了自己的梦想，也只是说了自己将来想干什么，等以后长大了，在面对现实的时候会不会落差感太大呢？

总之就是孩子和老师都一致这么认为：一旦拥有了梦想，在实现的过程中就千万不能更改或者有所改变，否则这就不能称之为"梦想"。

但是，孩子的成长过程其实就是一个不断积累经验教训的过程。而成长的变化也只有孩子自己能够深刻体会，要求孩子一成不变地保持最初的梦想，这样是不是显得有些毫无道理呢？

在我看来，即使梦想有所改变也是无可厚非的，也是可以理解的。

不能固执地认为反正梦想终有一天都会改变，还不如不拥有的好。对于孩子来说，拥有自己的梦想，然后再朝着这个目标努力奋斗，这个过程才是极为重要的。

我儿子从上幼儿园开始一直到小学低年级都跟我说，他以后想成为一名按摩师。为什么孩子会这样想呢？那是因为每次他给我们大人揉肩的时候，大人都会说："啊，真舒服啊，你真是太棒了，按摩按得真是太好了……"孩子听到这样的话，当然会信心十足并充满动力。

孩子肯定会想：自己最亲爱的家人们都喜欢我帮他们按摩，还夸奖我按得好呢。这样，孩子说想成为按摩师也就成了情理之中的事情了。其实对于一个很小孩子来说，铸就一个梦想的原因就是那么简单。

小学四五年级以后，一直到上初中一年级，我儿子又跟我说，他以后想成为律师呀检察官呀之类的。那是因为他看到了当时家里人从律师那里得到了一些实质性的帮助，孩子当时肯定也是在想：我长大了一定要成为一名对他人有用的人。所以梦想就理所当然地随之改变了。

再后来，就是我儿子上初中二年级的时候，开始对基因生物学以及生命科学产生兴趣，他一度跟我说他以后想从事研究克隆科学的工作。而之后，他的梦想再次被他自己更改为要成为一名兽医。

即便我儿子的梦想是这样反复无常、捉摸不定，我也没有做过一丁点儿的干预。我儿子的父亲继承了父辈的家族企业，我儿子又是家里唯一的男丁，将来也要继承家族企业，这个道理我想他心里是很清楚的。但是我们长辈深知不能擅自决定孩子的未来，不能替他决定他所要走的属于他自己的人生道路，以至于我们什么都没有做，什么都没有说。

也正因为如此，我儿子才能够这样自己不停地探索属于自己的人生道路，而且每一次都能从中找到不少乐趣，最后他还是决定去实现自己成为兽医的梦想。就这样，他为了实现自己的兽医梦想，考入了东京大学理科二类专业进行学习。

我有时候就在想："我儿子在大学里面积累了不同的经验阅历之后，说不定会再次改变自己的梦想，这恐怕也是个未知数。"

我也常常这样对自己说，这样就很好。孩子能够发现自己想要的东西，并努力成为心中的那个自己，就是一件非常可贵的事情。这也是跟孩子的幸福人生紧密相关的事情。我们作为父母，在孩子追逐梦想的途中需要我们的时候，能够始终如一地站出来给予孩子支持就足够了，因为孩子的人生之舵始终掌握在他自己的手中。

我知道一个投资公司的老板，他可以说是非常年轻有为。他曾说过这样一段话："我能成为今天的我，得由衷地感谢我的父亲。因为在我小的时候，无论我说出什么样的梦想，做出什么样的决定，他都不会反对，反而鼓励、支持我去尝试、接受挑战。"

如果孩子从小就拥有做自己想做的事情，并敢于尝试的经验，那在长大成人之后，为了自己的目标他也会充满敢于挑战新事物的力量。

　　总而言之，不管孩子的梦想和目标怎么变化，作为父母一定要站在孩子的立场，跟孩子一起，对孩子的梦想要温柔以待。

7.母亲要创造属于自己的闪亮人生

我儿子上小学的时候，记得有次开家长座谈会时，有人问及我这样一个问题：

"我的孩子就是做什么都不行，一点都不用心，学习上更是没有一点积极性，我都不知道该怎么办了，我到底该怎么样说说他比较好呢？"

问这个问题的母亲给人的第一感觉就是面无表情，神情黯淡，穿着打扮普通至极，甚至没有一点自信。

我问她："那你自己有没有特别拿手的事情，或者有没有自己特别想努力为之争取的事情？"

这位母亲答道："我啊，没有，没有什么事情是我觉得自己做得特别好的，更何况我现在都这个年纪了，还是算了吧。"

　　那么现在，摆在大家面前的就是一个稍微严峻的问题了：

　　面对一个母亲这样的回答，你是怎么想的呢？自己什么都不会，对自身也没有任何期待，就是这样一位母亲，还不停地教导自己的孩子要努力，要拿出自信。试问：说这句话的时候，这位母亲自己有信心吗？

　　现实就是这样，母亲们自己无法企及的事情就期待孩子去完成，自己都说"算了"的事情还要一味去责备孩子，其实孩子怎么能不知道这其中的心情？

　　说实话，我以前也有过这样的想法。

　　但是，这样一个毫无自信的母亲在孩子心里又能有什么好形象呢？

　　反过来，如果孩子拥有让自己骄傲的父母的话，就会想，我有这样了不起的爸爸，还有这样出色的妈妈，我肯定也不会差的。这样一来，孩子的自信就自然而然地流露出来了吧！

　　我儿子上高三的时候跟我说过这样一句话：我以后想成为像爸爸妈妈那样受人尊敬的人。当时他说出这句话的时候，我还感到吃惊不已。

他这样说的原因，有可能是有时候我也会向他请教一些我所不知道的问题。

原来，孩子希望自己的父母能受人尊敬啊。想想虽然这是理所当然的事情，但他让我又一次重新认识到了这一点。

作为父母，你自己没有任何梦想或者目标，生活中对于未来更是不抱一丝希望，这样的父母可能也无法获得孩子的尊敬吧，这样的父母又有什么资格训说孩子？让孩子拥有梦想，这简直就是无稽之谈。

原来长大了就会变成这个样子！这就是孩子从父母那里学到的东西，认识到的大人的世界。

相反的，如果父母都拥有自己的梦想，善于灵活运用自己的能力去挑战新鲜事物，对社会也能做出自己力所能及的贡献，自己的人生充满了光芒，相信这对于孩子来说，比任何事情都能让他感到欣喜、骄傲不已。

所以，我认为不光是父亲要做到这一点，对于每天都在接触孩子的母亲来说，更是要首先做好这一点，因为母亲跟孩子的相处时间相对更多一些。

受到孩子尊重的父母，更应该拥有自己的目标，首先培养出自己的"聪明大脑"。

如果你到现在还在考虑接下来要怎么做，那就尝试着去拥有自己的梦想吧！

拥有闪亮人生的妈妈
是最美丽的！

Part 2

让孩子亲力亲为的五件事

作为家长，对于自己的孩子，即使没有你的守护，你也希望孩子能够同样获得幸福吧？那么，在这一章，我就来谈谈为了孩子的幸福，必须要让孩子亲力亲为的五件事情。

1.热衷于自己喜欢的事物

在孩子上小学三年级左右，家长们就应该渐渐清楚地认识到孩子到目前为止最擅长的事情是什么。

我在上"梦想地图"这个课程的时候，经常会问孩子们一些问题，比如，你擅长什么事情？你喜欢的事情又是哪些呢？等等。面对问题完全答不上来的孩子大有人在。

或许，到目前为止，这些孩子们自己认为拿手的事情或者自己的兴趣爱好，在父母那里从来就没有得到过许可和认同，所以，孩子们在回答这样的问题时才会表现得无所适从。

当父母把自己的人生价值观强加给孩子的时候，孩子并没有如家长所愿，反而更有热衷的事情。出现这种情况，孩子可能就会留给父母一种不听话的印象。对于有人所说的，有些人没有任何喜好、对任何事情都不感兴趣，我却觉得这个世界上没有这样的孩子。

作为父母，都希望孩子把学习放在第一位，我们可以理解这种心情，但是每个人在体格、相貌方面大不相同，更何况是个人的特长和兴趣爱好，不一样也是理所当然的。

因此，不管是好是坏，先撇开自己的价值观和立场，想一想，孩子到底喜欢什么样的东西呢？孩子到底对什么样的事物感兴趣？或孩子最在行的是什么事情呢？父母要抱着这种积极的态度，让孩子看到你对他的关心，因为这对孩子来说是很重要的。

无论孩子怎么样，无论什么样的孩子，无论他身处何方，都一定会有他擅长的事情。

人们只有在自己擅长的领域，或者在对待他自己比较感兴趣的事情的时候有所成就，在面对自己不怎么擅长的行业和领域的时候才会有想要"有所成"的干劲。只有在自己擅长的领域获得了自信心以后，在面对其他自己不感兴趣的事情的时候才会有勇气去争取做得更好。

把孩子喜欢的、很拿手的事情先搁置一旁，老是让孩子做一些自己不擅长的事情，我想这对于孩子来说，有的只是打击，孩子会越来越没有干劲，直至信心全无。

本书之所以使用"聪明"这样醒目的字眼，主要就是希望孩子们能够通过自己的努力，发挥自己的潜力，过上自己想要的丰富多彩的幸福生活。这才是本书真正的目的所在。

在实现这个目标的过程中，如果孩子刚好考取了东大，或许也算是对我这个理论的一个支持，但是完全没有必要让孩子完全拘泥于考取东京大学。一旦让孩子拘泥于某件事情，就有可能在无形中毁掉孩子的其他无数可能性。

无论是在运动领域也好、艺术领域也好，都不应该拘泥于考大学或者学历这样的事情。我的孩子到底在哪方面才能够淋漓尽致地发挥他的才能呢？这才是大人们应该关心的焦点问题，这才是培养孩子的"聪明大脑"的捷径。

孩子在自己热衷的领域能够有所作为

孩子在擅长的领域取得成就之后，

能够更加具有自信，

即使到了自己不擅长的领域，也能够小有所成。

放宽心，让我们一起为孩子打气、加油吧！

2.自己做决定

上小学以后，孩子就会慢慢地养成自己对待事物的判断标准。

这个时候，父母不管有没有时间，也不管愿不愿意，首先要考虑的问题就是：孩子为什么想要这样做，这样做的原因何在？

孩子应该受到的教育是：一定要有自己的主见，尤其现在已经是一名小学生了，面对任何事情，都应该要具有自己的判断力，并且能够自己做决定了。

比如孩子想要学习一个新的东西的时候，一定要事先和孩子商量好，问清楚这个事情从什么时候开始，又到什么时候结束，问明白之后再让孩子自己做出决定。

一旦孩子说想要学习一样新的东西，一定要询问孩子理由，然后再问学这个东西的目的。问清楚目的，接着问什么时候可以做完。这个是目标。在孩子开始着手学习之前，这些都是不得不事先问清楚的事情。

至于孩子以什么样的形式来回答，这不重要。比如随意一点的回答就是："我想考取某某级别的证书""我这一学就要到五年级为止""直到学会×××为止"，孩子的这些回答其实已经达到我们询问的目的了。

在做一件事情的时候，有没有目标，在人的意愿上差别是很大的。都不知道要到什么时候才能完成，对于这种遥遥无期的目标，人们在追求的时候就容易半途而废。

一旦定下了目标，就要定下完成这个目标的时间段。这样下次在做其他事情的时候，也同样会事先给自己定下目标，然后努力去完成。即使中途会产生想放弃、厌倦的想法，先不说还有一堆继续下去的充分理由，就光是目标摆在那，就会让孩子产生一种责任感，进而去继续完成。

当孩子进入到小学阶段以后，还可以问一些这样的问题：将来你想做什么呀？长大了想成为什么样的人？你想去尝试某件事的理由是什么呢？等等。

也还可以问一些定式的问题：比如，为什么想成为这样的人？为什么想做这件事情？即使孩子没有及时回答也没有关系。相信孩子一定在想着应该怎么样来回答，家长只要耐心等待就可以了。

这样一连串的问题一出，孩子就好似安装了无线天线一般，开始收集各种信号和思考方法。等到孩子能把自己的想法通过口头表达出来的时候，之后每当孩子面临这样的问题的时候就会充满自信、回答自如。但是这个时候，千万要注意的是，不管孩子说什么都不能全盘否定，尽量回答孩子"好啊"之类的。当无论如何都没法表示赞同的时候，就尽量回答"原来如此啊，是这样的啊"来表示勉强接受。

父母在说出自己的见解时，不是在下命令，而是在给孩子提建议。当然，父母也要澄清自己所提建议的理由："妈妈呢，是这么想的（陈述理由）""这件事情爸爸想这样做（陈述理由）"，说完这些之后，再让孩子自己做决定。人生就是一个不断做决定的过程。

现在的某一瞬间，你不经意做的一个决定，可能在你以后的某个人生阶段起决定性的作用。

从孩子很小的时候开始，无论做什么事情都让他自己拿主意、做决定，有意识地去培养孩子这种好习惯。

3.自己的事情自己做决定

关于某件事情，提出自己的几点建议，然后摆在孩子面前，孩子需要判断、决定的时候，家长需要做的就是把选择权留给孩子，让孩子自己去选择、决定。

低年级的孩子对什么事情都无所谓，家长要孩子怎么样孩子都会无条件服从。但是也存在这样一种情况，有的孩子在面临选择的时候，就是做不出选择，也有的索性耍赖、蛮不讲理，不愿意做出选择。这也确实让父母烦恼不已。

这种时候，我建议家长首先给孩子划定选择的范围，或者具体地给出选择的对象，比如二选一什么的都可以，给出范围和具体的选择对象之后，再把选择权交给孩子。

这样不但让孩子在自己做决定这方面的能力得到了足

够的锻炼，也能让孩子充分感受到自己做决定所带来的成就感。

另外，孩子毕竟是孩子，来到人世间也就短短几载，当然有很多事情是他们所不知道的。如果在教孩子如何做决定的过程中，让孩子把所有的事情都决定了，反而不是一件好事。很可能就因为这个决定阻碍了孩子的其他可能性。我们就以下面这个例子来说吧！

比如，当孩子到了五、六年级的时候，对于自己即将面临的小升初择校这个问题，有很多孩子就不知道到底是选私立学校好还是公立学校好。

影响有关考试选择的除了一些经济的因素外，主要还是孩子自身的因素比较大。当孩子对于自己的努力方向有了一点眉目的时候，父母需要做的就是给出选项，让孩子自己选择。

家长在给出选项的时候一定要注意，首先要根据孩子自身的特点、能力以及孩子自己的期望来给出建议，然后从孩子期望的学校中选出几个学校，最后，分别列出这几个学校的优势和劣势，跟孩子好好商量之后让孩子自己去决定。总之，要让孩子明白：不是父母想要他去某所学校，归根结底是他自己做出的选择。

在自己做出了决定之后，才会有身负责任的感觉。

如果每次都是父母决定孩子要去哪，当孩子不喜欢，或者觉得自己不适应的时候，就会把责任全部推到父母的身上。遇到自己不顺心的事情，孩子就会想："是妈妈觉得这里好，我又没有觉得这里好。"

长此以往，等到孩子长大成人，就会养成一种对于任何事情都不会自己做决定的坏毛病（但是，实际上，一味听从父母或者他人的意见，也算是自己的一种选择或决定）。

在我儿子参加初高中一贯制（一贯制是指初、高中在同一所学校，一般在小学六年级的时候会参加这个考试）考试前，中间也有过这样一段小插曲。他当时的自我认识总是反复无常的，一会觉得自己迟钝不已，一会又觉得自己聪明过人。在他四年级的时候我就推荐他去了棒球学习班，他当时居然跟我说："棒球不适合我，我也不擅长打棒球，所以我再也不要学习打棒球了。"

我当时的回应是："这样啊，不学习棒球也可以，但是你在其他方面就得更加努力了哦。"我的言下之意是指：学习方面你就得更加用功了。

恰巧，那会儿我儿子有点内向，像个女孩子一样，他从来不参与运动会之类的体育活动，但是他跟我说，他一定会在学习上倍加用功的。可也因此在班级里面多少受到一些男同学的排斥，所以他对于自己在班级里的地位也感觉得有些无足轻重。

可以说，那时候我儿子在班上多少会受到些欺负。而他为了确立自己在班级里的存在感，唯有像他自己所说的那样拼命地学习。于是我就趁机跟他说："名古屋有一种学校，只要你的学习成绩好，通过考试后就能够进入到该校学习。"我当时其实也是想给孩子另一种选择的机会。

而我儿子很爽快地说："那么，我要去名古屋。"

从那以后，就是从五年级开始，他自己决定去上了一个补习班。在这一年当中，他每天都很拼命地学习，在学习上，可以说是一天都没有懈怠过。在这期间，我始终都是淡出孩子视线的，给予他的仅仅只是一个选择的机会而已。

或许孩子当初的选择动机不是那么积极向上，但是孩子对自己的情况有着清醒的认识，正因为是他自己的决定，到后面才能够独自坚持不懈地努力。

对于父母来说，从小就要给孩子选择的权利，培养孩子自己做决定的习惯，灌输给孩子要自己肩负责任这样的意识。或许，这才是父母很难办到的事情吧。但是，要想让孩子能够独立，毫无疑问，这就是重中之重，也是必不可少的。

如何才能培养出自立的孩子？

孩子长大成人后，什么都
难以自主决定。

孩子长大成人之后，能自己
做出人生选择。

父母要做有责任的好榜样

在这里还是举一个例子来说明吧。这是我儿子参加中考的时候发生在补习班的事情。

当时有个孩子跟我儿子在同一个补习班里学习，他的学习成绩只能勉强够得着他所填报的第一志愿学校。

他的母亲一直都是一个对待孩子的教育非常热心且喜欢操心的人，所以就跑去跟培训班老师进行商量，商量的结果是：还是让孩子报考第一志愿的学校。

但是遗憾的是，这个孩子最后并没有被自己所报考的学校录取。

之后这位母亲便跑到培训班老师那里去抱怨：明明是老师建议我孩子报考的学校，怎么就没有被录取呢？虽然家长这样抱怨的心情大家可以理解，但是我觉得这绝对不是作为一个母亲所应该表现出来的。因为当初做决定的人是母亲自己，而不是孩子。

把所有的责任都推到培训老师身上，事实上对谁都没有益处。

当孩子看到自己母亲这样做，那他会怎么想呢？

这个时候父母应该教会孩子：遇事不能去一味责备别人，把责任推到别人身上，自己做的决定就要自己承担责任，一人做事一人当；应该思考这个学校我们虽然没有考上，但是在学习的过程中我们都学习到了什么？应该从这次考试中吸取经验教训，在下次遇到同样情况的时候我们才能够应对自如。

要是母亲教会孩子这些，估计之后就是另外一番景象了：同样是孩子没有被第一志愿的学校录取，母亲和孩子的处理方式却是截然不同的。孩子会不断向母亲称赞自己的朋友说："某某真的很厉害，他果然被他心仪的学校所录取了。我呢，接下来也会努力，争取在我们学校成为最棒的！"这时候，母亲必定也会赞扬自己的孩子。这也是我所想要传达的一种教育方式。

4.自己的事情自己做

有一点是非常重要的，那就是从幼儿园开始就让孩子学会自己的事情自己做。

到了小学之后，孩子的自理能力就更强了，慢慢地好多事情都能够自己处理，这个时候父母更要注意千万不能插手孩子的事情，除非是万不得已的情况，比如孩子一个人没有办法完成的事情。

让孩子自己的事情自己做，意义在于，所有的事情都是为了自己才去做的。一定要让孩子意识到这一点：去学校是为了自己，做家庭作业也是为了自己，报课外兴趣班，等等，通通都是为了自己，不是为了其他任何人。

当孩子意识到所有的事情都是为了自己，那么孩子慢慢地就会知道：为什么必须要这样做？要去哪里？这样做的目的和意义何在？等孩子对这些都有了一个清楚的认识之后，再给出选择项，让孩子自己去做决定。

比如，家长总是告诉孩子去学校进行学习的理由什么，目的又是什么，这样就会让孩子觉得这是在说教。当孩子大一点，进入高年级，父母还这样不停地喋喋不休的话，孩子就会觉得很烦躁。这种时候，一定要问一问孩子：为什么要去学校？学习的目的又是什么？对于这些自己的想法是什么？

"你不去学校，那你想干什么？"

"你认为不学习将会有什么后果？"

"去学校会有什么好处？"

"经过自己努力学习之后，你觉得又会是什么样的情形？"

"等你长大了，你想干什么？为了这个理想，前提是要先做什么？"

问问孩子这些问题，重点不是告诉孩子这件事情有多重大，而是要让孩子有一个清楚的自我意识。

问完之后就可以等待孩子的回答了，等孩子回答之后，再把问题和答案重复一遍。

如果孩子回答说："读书学习又没有什么用处，那我不学习也没有关系的啊。"这时候，你就可以把孩子的回答重复一遍："你是这样想的啊，因为读书没有用，所以你不愿意学习？"稍微停顿一会，再接着反问他："你果真是这么想的吗？"

然后就什么都不要说，谈话可以到此结束了。

孩子心里其实也很明白，尤其是在你反问孩子的时候，相信孩子在内心深处已经是被重重一击了。家长这时候要做的就是慢慢等待，相信孩子会给出一个令你满意的答案。

顺便在此说下我在这方面的做法。我儿子上学以后，他为学习做准备的事情我几乎就没有管过。一年级的时候，在他睡觉之后或者是早上起来前，我还会帮他检查一下有没有忘记的东西之类的，二年级以后，就什么都没有帮他做了。包括暑假、寒假的作业，都没有帮他看过一眼。我当时是这样想的，不管怎么样，都会有他无论如何都不会做的难题。所以不管他的作业做得怎么马虎、怎么错误连篇，我也没有说一句话。

话虽然说得有点儿严重，但这些确实是他自己的责任。做不做在我看来反正都一样，索性视而不见，什么都不做。正因为如此，选择不做也是他自己的事情，在我看来这些都是理所当然的。

我儿子上初中以后，学校也经常有一些家长说明会，但是我也没怎么去过。我儿子每次回来都会跟我说："妈妈，老师说了让你去参加这次的家长说明会哦，但是如果你按照老师说的去参加的话，你就又会跟我说明天要怎么怎么样，这个又要怎么怎么样，这样到底好不好啊？"我听了之后就会很坚决地说："那我不去了，我也什么都不说。"

考试之前的说明、注意事项之类的，为什么非要家长去听，明明是孩子自己的事情，我到现在都还没有搞清楚原因。孩子都是六年级的学生了，又不是幼儿园小朋友。况且本来就是关于孩子自己的学习说明会，又不是听不懂，所以，我觉得还是让孩子自己本人去听听比较好。

我觉得家长就算不去听也会明白的，就如同比起给出答案，教会孩子学习方法才是重要的。

我之所以没有去参加家长说明会，就是基于这样的原因。

就是这样，我儿子还是顺利地考上了自己理想的学校，我没有成天担心这担心那的，也没有整天喋喋不休地对待我的儿子。我想，只要孩子能够意识到自己的责任，他就会自己明白应该做什么。

放心地对孩子撒手吧，拿出勇气来，只要默默关注着孩子就行。

5.勤学好问，不懂的问题要当场解决

为了培养孩子独立自主的性格，孩子自己能做的事情尽量让他自己做，当孩子遇到不懂的情况的时候，就一定要让孩子自己开口去请教别人，然后解决问题。

如果孩子遇到了问题，然后觉得跟别人说自己不懂是件很丢脸的事情，就会耻于向他人请教，慢慢地不会的问题会越积越多，到最后真的就什么都不会了，也更不敢开口说出自己的疑虑了。

就比如，上课的时候遇到了不懂问题，就应该当场向老师请教，就算当时没有来得及请教老师，也应该在下课之后，主动找到老师，把自己不懂的问题给解决掉。

想要孩子养成这种勤学好问的好习惯，做父母的应该做的就是不能过多地指导孩子。如果父母过多地指导孩子，孩子就会总是把不会的问题带回家来，让父母给他讲

解。时间久了，孩子在学校有不懂的问题就会带回家，心想：反正可以回去问我妈妈的，那就回家再说吧。这样一来，孩子不懂不问的毛病就日渐形成了。

也就是说，如果孩子无论在什么时候都要依靠父母的话，自始至终都没有办法独立。

不管是谁，只要想生存下去，都需要他人的帮助，或者去帮助他人。相互关照才能更好地生活。因此，自己一旦遇到不懂的问题，要勇于去请教别人，当别人也遇到难题来请教自己的时候，自己也会乐于解答，这才是想在这个社会生存下去不可或缺的能力。

困惑的时候，遇到不懂的问题时，敢于诚恳地向他人求助，让他人帮助自己一起解决问题，具有这种品质是非常重要的。

这种品质其实在大人的世界里也是不可或缺的。

相信大人们也有过这样的情况：顾于面子，面对不清楚的问题，当时不懂装懂了，事后才发现当时不懂的问题后来让自己感到苦恼不已。

不懂就是不懂，不能装懂。不懂就坦诚地说出口，然后请教别人，这才是解决问题的关键。

因此，父母千万不要过多地指导孩子，直接告诉孩子问题的答案。我并不是说完全不能这样做，但是过多地给予只会阻碍孩子成为自立自强的人。

让我们把孩子培养成为勤学好问的人吧，不懂的问题一定要孩子当场解决。

勤学好问的孩子都很棒

会受到别人的
青睐

能与人合作

能与人互助

拥有很强的生
存能力

能率直地成长

放心让孩子去飞

孩子进入小学以后，自己能够穿衣打扮，也能够读书学习，自己做作业与练习了。作为母亲，这个时候也一定有自己想要做的事情吧。

这个时候母亲应该做的就是：考虑一下属于自己的未来。

现在也有很多家庭妇女，在生完孩子之后会继续上班。对于这样的母亲倒是不用担心，因为他们在创造自己未来的路途上了。但是对于那些专职的家庭主妇来说，尤其应该考虑一下当孩子上学之后，如何来营造自己的世界，为自己的未来做好准备。

对于那些喜欢教育的妈妈们，每日只是专心于照顾孩子和家人。这样的妈妈更应该有自己的世界。

因为有朝一日，孩子会进入初中，然后是高中，甚至有一天孩子还会离开自己。

到那时候，你也就不得不放开孩子了。

对，有自己的世界，有自己想做的事情，是为母子各自独立的那一天做准备。

我儿子当时上的初中是东海区一个比较高端、优质的私立中学。在开学第一天的开学典礼上，首先是校长的致辞，然后是其他老师的一些谈话，他们反复强调的一个问题就是：家长一定要放手，孩子要实行放养。

我清楚地记得，当时校长在开场致辞语中这样说道："各位妈妈们，我想到现在为止也够辛苦的了，接下来，就请你放开孩子，然后开始享受自己一个人的世界吧。"

当时校长一定觉得自己非要说出这句话不可，因为确实有很多家长唯一上心的就是教育孩子，没有其他的生活圈子。

校长这句话不是单纯地在慰劳妈妈们，而是暗含了一种请求的意思：为了你的孩子，麻烦妈妈们放手，让孩子自己去努力吧。

接下来，妈妈们对于自己内心向往的东西，不只是作为兴趣，而是应该作为自己的梦想去追求。

一个女人的梦想不单单是成为某人的妻子，或者是成为谁的母亲，而应该清楚，对于自身来说，生存的意义是什么，在完成一件什么样的事情之后，会让自己有种满满的幸福感。

　　或许，这种说法有点夸张。总之我想说的就是：专注于自己的喜好，在自己擅长的领域取得一定的成绩，同时还能够发挥自己的作用，再试着寻找一种能够将自己的价值还原到社会中的方式，这才是有意义的人生。

　　为了实现这样的人生理想，就得花费不少的时间放在吸取知识、收集信息，以及与人交往上。

　　因此，在孩子上小学的时候，妈妈们就应该开始着手准备了。具体应该做些什么呢？比如读一读之前一直没有读的书，复习一下以前学过的知识，也可以去参加一些讲座和研讨会，这些都是为成为全新的自我做准备。

　　我38岁，在我儿子上小学五年级的时候，跟教育培训结下了不解之缘。

　　真正开始学习教育培训是在那之后的第二年。整个学习过程对我来说简直充满刺激，让我有茅塞顿开的感觉。

从那以后，自己的世界观一下子就改变了。我至今都还在思考：人的一生到底要怎样才算不虚度光阴，才会有充实感呢?

　　终于，在我儿子参加小升初考试的时候，我也开始拥有了自己崭新的人生价值观。

　　学习教育培训的整个过程，不光对我自身，在教育孩子方面也起到了很好的作用。写这本书的目的就是要给各位读者传达一些我自己的经验、体会。

　　在孩子小的时候，可能抽不出时间来，但是在孩子上小学高年级的时候，对于母亲来说时间上就很充裕了。所以这个时候，一定要拓宽自己的视野，为自己想做的事情做准备。渐渐地，你自己的这种行为也会在无形中给孩子很大的影响。

Part 3

孩子6岁之前要做的事情

在孩子上小学之前，很多事情都是与培养孩子聪明大脑息息相关的，这些事情处理好了，在培养聪明大脑的时候也可以事半功倍。

　　那么，我在这里就说一下，孩子6岁以前父母要和孩子一起做的事情。

1.要在孩子6岁以前刺激他们的五官感受

本章主要介绍一些在孩子6岁以前应该让他做的事情。

在孩子6岁之前，在日常的生活中，按照下面所讲的内容来对孩子的五官进行大量的刺激，对于培养孩子的能动性效果很显著。

孩子的大脑功能其实是很强大的，往孩子的大脑灌输的东西越多，大脑的容量就越大，到最后所引发的可能性也就越大。因此，从婴儿时期就开始培养孩子善于开动脑筋的习惯，会起到非常好的效果。

有很多家长要等孩子上幼儿园的时候才开始培养这种善动脑筋的好习惯，其实在上幼儿园之前就可以让孩子进行类似的锻炼了。

从这个时期开始，就要有意识地让孩子记住一些东西：比如所见所闻、所感所触。这些都是非常重要的。

给孩子尽可能多地灌输一些富有正能量的信息吧

1. 在日常生活中，给予孩子的五官大量的刺激。

2. 只有尽可能多地给孩子的大脑灌输一些正能量的东西，需要的时候才可能尽情发挥。

3. 孩子有能力将自己的能力表现出来，并且这方面的能力会与日俱增。

2.在1岁之前能够形成聪明的大脑

大家认为聪明的孩子和不聪明的孩子，在大脑方面有什么区别呢？

是脑袋大小不一样？脑袋的重量不一样？还是大脑上纹路不一样？又或是大脑细胞的数量不一样？事实上，每个大脑的细胞数量几乎都是一样的。

大脑聪明与否到底是因为哪里不一样呢？简单来说就是大脑里所伸展出去的枝丫数量不一样。这个枝丫的专业术语叫作神经元接点，也就是两个神经元之间的功能连接结构。大脑发出的枝丫越多，最后形成了网状，网眼也就越小、越多，所能够传递的信息量就大。就是说经常动脑、善于思考的大脑就是聪明的大脑。

具体点来说，聪明的大脑不是像西瓜那样，表面看上去有纹路，实际光滑无比，而是像甜瓜一样，果皮看上去平滑，但实质上有很多网状木质化的龟裂纹路，看起来像是大脑发出的网状枝丫。

仔细想想看，聪明的大脑，也就是像甜瓜模样的大脑，这种甜瓜样式的大脑，为什么在1岁之前能够添枝加叶，活跃发展呢？

这是因为人的大脑会在3岁之前发育完成80%，会在6岁之前发育完成90%。

那有的人就要想了，我的孩子现在是不是来不及了呀？先别着急，请接着往下看。

1岁之前要想形成甜瓜大脑的话，首先要在婴儿时期就给孩子的大脑大量的刺激。这里所说的刺激是指让孩子：多用眼睛观察，用耳朵聆听，用双手感触，用鼻子感受嗅觉，等等。

又有人不禁要想了，这不是太简单了吗？

其实，平时一些有意无意的行为，只要稍微用点心，孩子的大脑就自然而然地成为聪明大脑了。赶紧在孩子1岁之前给予孩子大脑足够的刺激吧！

3.怀孕后，妈妈要过得幸福快乐

从妈妈怀上宝宝那一刻开始，妈妈们就已经走在培养孩子聪明大脑的途中了。

很多人都知道胎教一般都是以音乐为主的，为什么呢？因为音乐能够让准妈妈放松下来，因而保持心情愉快。我觉得胎教采取什么方式不重要，重要的是作为准妈妈，每天必须保持良好的心情，妈妈开心即是最好的胎教方式。

怀上宝宝之后，就应该为宝宝的到来感到欢欣鼓舞，做好准备迎接宝宝的到来。

为什么当孩子还在母亲肚子里的时候，妈妈的情绪就能够对孩子今后的人生带来影响呢？

这个我也是从一档电视节目中学到的，这个节目是基于脑科学和认知心理学知识，自主研发出来的一档专门的育儿节目。内容大概就是说，怀孕期间，妈妈的精神状态和所思所想，在潜意识里面已经传达给孩子了，所以对孩子影响深远。

也就是说，如果准妈妈在整个怀孕期间都保持良好的心情，孩子出生之后也会成为一个性格开朗的人。

这样的孩子一般喜欢笑，不容易情绪低落，小时候每天保持愉快的心情，长大之后也会是一个有很强自我意识的人。

相反，如果准妈妈每天都焦虑不安、唉声叹气，孩子出生以后，无论大人怎么哄、怎么逗，反应都比较慢，也不怎么喜欢笑，长大以后，内心深处也充满孤独感，容易陷入情绪低落的漩涡。

因此，当有了孩子之后，妈妈们一定要保持愉快的心情，幸福地度过每一天！

生活是最好的课程，妈妈是孩子最好的老师

你在吃饭的时候会对孩子说这样的话吗？

"汤来了，是的哦，这个就是汤哦。"

"咦，这个是胡萝卜吧，胡萝卜是什么颜色的呢？哦，对了，是橙色的！"

在日常的生活中，多问问孩子，这个是什么，这是什么颜色、什么形状的呢，有几个，等等。这样能够让孩子不知不觉中就记住了这些东西。这样的问题反复多问，还有助于训练孩子对于语言和事物的感知度。

在做这项训练的时候，使用一些卡片和特殊的教材是比较理想的。比如把周围的事物名称用标签贴起来，孩子耳濡目染更容易记住。

另外，像嗅觉、触觉、味觉、温度、拟声词、拟态

词、人的情感等，这些无法用卡片、绘画等道具来完成教授的内容也有很多，那我们要怎么样来教给孩子呢？

去购物的时候，出门做其他事情的时候，或者是回老家的时候，只要稍微有点时间以及条件允许，都要尽可能多地跟孩子进行这方面的有意识的谈话，这样会让孩子记住更多这种无以言表的事情。

在日常的生活中，不光是在语言上要有意识地进行训练，也要让孩子在不知不觉中掌握一些基本的数字知识，提高孩子对数字的敏感度。

以前，最流行教孩子数数的方法就是在洗澡的时候，在浴池中教孩子数数。比如："你数到10，我们就起来了哦。"这样在教孩子数数的同时，也在教给孩子一些语言知识。

不过这种掰着手指头数数的方式，更加强了孩子对数字的敏感度。也可以试着倒过来数，或用英文来数，或者这次能数到10，下次就从11数到20，这样变换着方式教孩子数数，对孩子来说也能起到预想不到的效果。

接下来要做的就是，不管做什么事情，只要跟数字沾边的，都有意识地让孩子数一遍。我以前带孩子的时候，经常做的一件事情就在给孩子做点心的时候，把做好的鸡蛋松饼放到盘子和碗里，在开吃之前，我们俩一起数数，我就说："数到10就可以开吃了哦！"

在这里，我要补充一点，在教孩子学数数的时候，所用的方法不必千篇一律。在数数的方法上，至少有3种是通用的，比如：1，1个，第1。这3种方法都很实用。

还记得我办辅导班的时候，有很多一年级的孩子不认识"9"。因为认识数字是建立在会读的基础之上的，所以很多孩子看到"5"和"6"这两个数字，意识有些含糊不清。这也表示在语言的基础上教孩子对数字的理解是至关重要的。

总而言之，母亲是孩子的启蒙老师，生活中的每个场景都是一本教材，母亲就是根据这本教材来给孩子上课的。只要妈妈留心，肯在培养孩子方面下工夫，即使不用一些特别的工具或教材，也能培养出孩子的聪明大脑。

作为母亲，在享受做一个幸福的母亲的同时，一定要多花点心思在孩子身上！

利用日常生活场景也可以培养孩子的聪明大脑

刺激孩子的五官感受

在日常生活中让孩子记住一些物品的名字。

让孩子学会数数。

4.多听童谣

音乐，对于孩子来说是一件有百利而无一害的东西。多给孩子听听音乐是非常有必要的。

一旦韵律感培养起来了，孩子的感知能力也会变得敏锐起来，这样一来，对待新事物也会充满想象力。

不管是什么类型的音乐，在孩子听来所起的功效都一样。对于婴儿来说，音乐还能起到另外一个重大的功效。那就是音乐能教会孩子母语，也就是教会孩子语言。有很多歌曲的歌词都比较清晰，能方便孩子学习，在此，我就举一个简单的例子。

我办辅导班的时候，在一年级的班级里，就有这样一个问题，在给"春天的小河"标注读音的时候，只有少部分的孩子会读，剩下的那些不会读的孩子根本就不知道"小河"这个词语。

不是有这样一句歌词吗？"春天的小河呀……我们就要说再见了……"孩子不会读这个词，归根结底就是没有听过这首歌。

通过这件事情，我深切地感受到歌曲才是教给孩子语言的最好的老师。

我儿子还是个小婴儿的时候，我就会不断地给他听一些儿歌。不管是在家也好，开车出去也好，都会不断地给孩子听一些儿歌、妈妈和孩子合唱的歌曲，或一些普通的歌曲，甚至是一些英语的听力教材。无论听什么，只要让孩子去听，他就会轻松获得无穷的乐趣。

如果妈妈也乐意跟孩子一起唱的话，就更好了。

5.开发孩子的技能

要培养成像甜瓜一样布满"龟裂网状"的大脑，除了刺激孩子大脑并让孩子勤于思考外，还要多让孩子掌握语言技能和多听音乐。但光是这些其实也是远远不够的，还有一点就是要给予孩子身体上的刺激，这样的话效果会更显著。与此同时，再加上一些语言上的刺激，孩子不但能够记住不忘，更能够养成手脑并用的好习惯。

那么，什么样的方法能够让孩子养成手脑并用的习惯呢？

在这里就介绍一个我儿子小时候，我经常跟他玩的游戏。

这个游戏我暂且给他取名为"勇追第一"吧，关于这个游戏的规则在后面有详细介绍。在我儿子还不能独自坐立的时候，我就开始跟他玩这个游戏了。那时候，我发现孩子总是一个人双脚一直动个不停，虽然看上去没有什么实质的意义，但是孩子总是玩得不亦乐乎。

反复跟孩子玩这个游戏，不光可以让孩子感知语言的美丽，同时也能养成孩子跟自己赛跑的习惯。玩几次下来，孩子只要一听到"准备！开始"，就会自己打着小腿，发出"吧嗒吧嗒"的声音。一听到"跑了哦，跑了哦，快点，快点，就这样，马上就到了"，宝宝就会开心地继续"吧嗒吧嗒"打着双腿，听到"到终点啦！第一名"，宝宝就会举起双手做出胜利的姿势。

爷爷奶奶见到这种情形也会笑得前俯后仰、合不拢嘴。观众越多，喝彩的人也会越多，宝宝看到那么多人为他而高兴，自己也会兴奋不已。

这真是一个既能悦人悦己，又能开发孩子大脑的好技能、好游戏！

发挥一下你的思维创新能力，也跟孩子多玩玩这个游戏吧！让孩子养成勇追第一的好习惯！

"勇追第一"的游戏玩法

① 首先，让孩子躺下，然后用手握住孩子的双腿；

④ 一段时间后，大声对孩子说："到终点啦！第一名！"然后放开孩子的双腿，让宝宝的双手直直向上举起来，欢呼雀跃地喊着："我们赢了，我们赢了。"

② 说完"准备！开始"后，开始晃动宝宝的小腿，使小腿发出"吧嗒吧嗒"的声响；

③ 过一会儿，一边说"跑了哦，跑了哦，快点，快点，就这样，马上就到了"，一边继续晃动宝宝的小腿；

⑤ 最后，"宝宝真棒，太厉害了"，一边这样表扬孩子，一边拍手喝彩。

我儿子就是这样喜欢上了这个"勇追第一"的游戏！

6.在游戏和运动中学会思考

尽管给孩子灌输了大量的文字、语言、数字等信息，但如果大脑没有对这些信息经过加工，只是原封不动地把这些又输出来，那么，这样的大脑只能说是一个仓库，没有一点优质感可言。

把输进大脑的材料进行加工处理，转化为其他有用的东西，才是大脑应该有的功能。大脑应该能够做出这样的思考：把吸进大脑的信息经过思考加工，最后转换成了新的信息进行再吸收。

就拿做菜这件事情来说吧！

做菜大家都知道吧，只有经过反复尝试，才能够做出美味可口的佳肴。做菜不是说单纯看看菜谱就能成功的，而是要具有做出美味的创造力。

就算让你把书读一遍，插图也看一遍，对于实际的温度、口感、香气、味道等，每个人的感受都是不一样的。

除此之外，有的人会感觉忐忑不安，有的人会感觉焦虑烦躁，有的人的感觉则是轻松自在。每个人对待恐怖、悲伤等感受程度都不一样。

每个人在体验这些不同感觉的时候，都要充分使用五官，包括视觉、听觉、味觉、嗅觉、触觉，才能产生更为丰富的情感体验，从而对人的思维能力、对未来的预知判断能力以及自己的生存能力，起到很好的作用。

游戏和运动对培养聪明大脑来讲是有必要的，应该有意识地从各个方面来对大脑进行刺激！

跟爷爷奶奶一起玩游戏

对于玩耍，爷爷奶奶们可能会有更多更好的点子。

我儿子就很喜欢跟爷爷奶奶一起玩。记得那时候，我一回娘家，我儿子就特别喜欢跟他外公一起玩。显然，我父亲比我可有耐心多了，他很乐意陪着孩子一块玩。

我还有一个妹妹，她家有两个儿子和两个女儿，均比我儿子小。每次到外公、外婆家相聚，几个孩子就开始玩象棋或者玩扑克牌。

大概也是因为如此，几个孩子的成绩都很优秀，尤其是计算和算术，都是他们的强项。

他们几个常常在院子里一起拔草，夏天的时候还裸着身子一起打水仗，在我看来娘家成了孩子们放松的地方。实际上，当孩子们跟长辈一起玩耍的时候，大脑也同时得到了大量的刺激，真是一举两得。

我到现在还认为我儿子的"聪明大脑"的形成，很大程度上都应该归功于我爸爸。

　　所以，当孩子有机会跟爷爷奶奶或外公外婆在一起玩耍的时候，一定要让他们尽情玩耍！

　　我相信，能够跟孙辈们一起玩，长辈们也会不亦乐乎吧！

7.读写和运算是学习的基础

日本很早以前就有这样一句话，"读、写、算，一样都不能少"。

关于如何开发右脑和幼儿教育的说法有很多，这句也算是古训了。古话说的就是有道理。

说起聪明大脑，最基本的、也是最重要的，还是让孩子学会读、写、算，也就是让孩子学会母语和算术。

说得明白点，就是会读然后才能明白意思，接着才能在脑海里有个大概的印象，然后才会写，接下来搞清楚数字跟数字之间的关系，最后才能掌握对数字的感觉（会运算）。这些通通是最基本的东西。

那么，为什么说这些是重要的基础呢？如果连这些最基本的读、写、算都不会，别说形成聪明大脑了，就连最基本的学习以及思考都很难做到了。

举个例子来说吧，一道小学一年级的数学题：池塘里有5只鸭子，飞走3只，问池塘里还剩下几只鸭子？

要解开这道数学题，还得分成以下步骤来考虑：

①读懂问题里面所涉及的文字；

②"池塘""鸭子""5只""飞走了""剩下"，等等，都要一个词一个词地去理解，然后再把整体意思连接起来，在脑海中描绘出一幅大致的画面；

③知道5的意思，并且能够用5个圆圈来表示；

④从5个圆圈里面减去3个之后，马上就明白还剩下2个；

⑤5-3=2，所以答案就是还剩下2只。

怎么样？虽然对于大人来说这是一目了然的问题，但这样把问题分解开来之后，才发现还有这么多的步骤。如果不能完全地把握这其中的每一个步骤，这道题就很难解开了。

不管是在哪一个步骤卡住了，都不可能得出正确的答案。考试的时候也是一样，如果在哪一环节卡住了，即使花费再多的时间，接下来的题目都解答不了。

　　学习成绩比较好的孩子，或者说是聪明点的孩子，对于这样的步骤是了然于心的，成绩差的孩子可能就是在某个步骤上卡住了。我儿子上小学的时候，我在自己家里面办了一个辅导班，主要教小学一年级到六年级的孩子。关于解题步骤这个问题，有很多孩子不管你怎么讲解都不能明白。我后来仔细想了一下，孩子不能够明白的真正原因，应该是孩子没有搞清楚语言的意思。当时给我的感觉就是：这篇文章，孩子根本没有读懂，所以得不出一个大概的意思。

　　审题不清楚的孩子，大多都是这个原因。

　　因此，即便是在做加法的时候，孩子虽然写上了5+3=8，但是这其中包含的意思必须得去理解。

　　大家现在应该都明白文字理解有多么重要了吧！只有在理解了语言意思之后，才能在脑海里形成一个大致的画面。数学也是一样的。把对数字的感觉，瞬间描绘在自己的脑海里，有一个大致的印象，才能做到从根本上明白数字的意思。但是，对数字的熟练掌握别无他法，唯有反复地练习。

　　形成聪明大脑的前提就是：认识文字—理解意思—在脑海里形成大致景象—会写—明白数字和数字之间的联系—能够掌握对数字的感觉（会计算）。对于这些，聪明大脑在瞬间就能够做到！

8.念书给孩子听是开发孩子大脑的最好方式

即使宝宝刚出生，多阅读一些书籍给宝宝听，对于开发宝宝的大脑也能起到一个很好的作用。有人会说，会不会太早了点？其实，一点都不算早。

多读一些书籍给孩子听，对于开发孩子的大脑以及培养孩子的学习能力都具有很好的效果。读书给孩子听，能够让孩子在已知的基础上，语言结构变得更加丰富，通过声音也能理解、熟悉文章结构，更多地培养孩子的想象力，即把自己理解的东西在脑海构成某种场景的能力，对事物的感知能力也会越来越强。

这样一来，母语就成了学习其他所有东西的基础。先了解文章的意思，然后通过自己的理解在脑海里构成某一种场景，无论是在哪一本教科书上，这一点都非常重要。

另外，在读书给孩子听的时候，不单纯是给孩子进行语言上的灌输，其中还包含了期待、想象、感情的表现等。

在你读那些图画书给孩子听的时候，这些都在无形之中映射在了孩子的大脑里。

因此，从孩子还不能独自坐立的时候开始，就应该不断读一些图书给孩子听了。

那么，读什么样的书比较好呢？我在这里推荐两本。

木村裕一编写的《躲猫猫》（偕成社）和《寒暄语》（偕成社）。

在这里，我想说的是，妈妈的阅读方法很重要，如果只是拿起书来，毫无感情地很快读完的话，对孩子起不到一点作用。

这个时候妈妈要把自己当成演员，附加一些表演的动作进去，然后声音要有高低起伏，语速也要有快有慢，要感情饱满、抑扬顿挫地读给孩子听。

另外更重要的一点是，善于抓住阅读时候的一些间隙。

这是一种能够让大脑不停转动、思维不断激活的好方法。

比如，在读童话书给孩子听的时候，读到"这时候，怪兽先生也开始'哇哇'地哭喊起来"就停一会，留出相当长的间隙，最后，大声地"哇"的一声说出来。

试想，在停留的空当时间里，孩子的大脑里都在想些什么呢？

孩子一定很期待：接下来发生了什么事情呢？

要是这样的书已经读过好几遍了的话，孩子一定会情绪高涨，心想"接下来就要发生……马上就来了……马上就是的了……"心里也会紧张期待。等到家长按照孩子心里所想的读出来，孩子就会"哇"的一声，为自己猜想正确而兴奋不已。

整个过程就是：期待—情绪高涨—事实如自己所想--高兴极了。

妈妈在给孩子读读物的时候，也包含了情感，所以也能够启发、培养孩子的大脑。

什么样的书比较好呢？根据性别年龄不一样，这样的书也多得数不胜数，我当时经常读给我儿子听的就是下面这些。

0~1岁，主要是如下一些儿童读物：《美丽的小匣子》（福音馆书店），《北极熊的薄煎饼》（小熊出版社），《暖团猫上厕所》（偕成社）。

2岁以后，主要给孩子读像《14只蟾蜍的早餐》（童心社）这样的书籍。

我当时另外还给孩子读了许多五味太郎那类的书籍。

妈妈给孩子读了很多读物之后，孩子也会更加喜欢妈妈，双方有共同喜欢的书籍，再一起阅读不是很好吗？

不是每天都要给孩子读不一样的书籍，就是反复读同一本书也没有关系，反复读同一本书籍，孩子也能够慢慢记住里面的内容，即使有自己不认识的字句，孩子也会试着去自己认识、理解。至于到底读什么样的书，具体读哪一本，这些都要问问孩子的想法。

我自己特别钟爱林明子的图画书，她的书里面包含了许多具有教育意义的东西，比如：兄妹之间的感情、家族之间的友爱，还有关于孩子在同情心与冒险精神方面的培养，等等，光是这些就让她的书充满了无穷的魅力。

但是平均每天给孩子读多少量合适呢？我儿子1~3岁的

时候，我每天差不多给他读3本，但是最多的时候一天读了10本。

　　要问什么时候给孩子读比较好，我一般是在孩子睡觉前读给他听。其实也没有什么最好的时机，只要饱含自己的情感，能够让孩子容易听懂，一边享受一边来读，就是最好的。

　　让我们以培养孩子的聪明大脑为目标，跟孩子一起，多读一些读物吧！

9.念书给孩子听影响深远

母语是学习的重中之重，也是学习其他一切东西的基础中的基础。

学习最先要学会的东西就是阅读吧！

你是不是认为一个人只要会读某个词之后就会读文章了呢？或者你认为会识字以后，对于阅读就没有问题了呢？

答案当然是否定的。

要让孩子能够畅通无阻地阅读，有几个必要的阶段和步骤。

让我们以前面说到的那道数学题为例来想想，要让孩子学会阅读，到底有哪几个步骤呢？

对于"有5只鸭子"，仅仅能识字的话，当孩子看到这道题的时候，就只会分开念成"有""5""只"
"鸭""子"。

虽然能够把每个字都读出来，也能理解单个字的意
思，但是连起来成为一句话的时候就不知道是什么意思
了。识字和阅读之间就是有这么大的区别的。所以，第一
个步骤可以归纳为识字。

第二个步骤就是理解词语的意思。

当"有5只鸭子"这样一排文字出现的时候，要能够立
马有意识地先把这句话划分成为一个一个的词语，但仅仅
知道所有单个词语的意思，也是远远不够的。

第三步就是要掌握这些已经理解了的字词，然后灵活
运用。当看到一些词语的时候，能够大声读出来，最后还
能够按照读音来知道字形。

但是，字、词、句、段、篇这些基本的练习是没有先
后顺序之分的。

为了让孩子能够畅通无阻地阅读文章，以下的工作是
不可或缺的。

①尽可能多地让孩子接收语言；

②关于词语要一个一个地教会孩子；

③组词成句，以句子和篇章的形式让孩子理解词汇的意思；

④多读一些书籍给孩子听，在读的过程当中要注意连着一些助词、助动词等一起读，让孩子在听的时候，从听觉方面理解文章，对文章形成一种顺畅自如的感觉。

这些训练可以不分先后，同时大量地进行这些训练效果更显著。

培养孩子的聪明大脑不是一蹴而就的，而是通过日积月累，从各个方面来进行训练而成的！

养成给孩子念书的习惯的话……

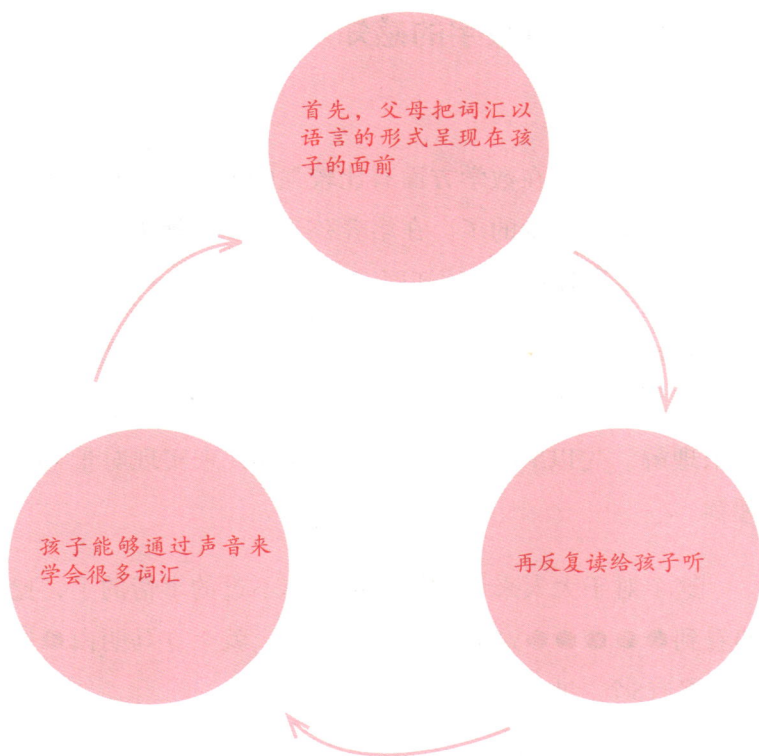

首先，父母把词汇以语言的形式呈现在孩子的面前

再反复读给孩子听

孩子能够通过声音来学会很多词汇

如此反复循环，孩子就能够很好地把握住母语！

10.培养孩子对数字的感知度

要想让孩子在数学方面有比较强的能力，计算能力的训练就是必不可少的了。在培养孩子的计算能力之前，必须先培养孩子对数字的感知度。

对数字的感知度指的是，当数到某一个数字的时候，能够瞬间明白这个数字的意思，数字和数词之间能够联系起来理解。先以5个或10个一组为基础，来实现对量词的理解。

这个对于大人来讲可能是再简单不过的事情的了，比如看到●●●●●这五个图案的时候，就会立马明白●这个图案有5个，也就是5。

但是这对于孩子来说，理解起来是很难的。

为什么呢？让我们从小孩的角度出发来想一下吧。

我们在教孩子识数的时候，首先是教孩子"1、2、3、4、5、6……"这样来认识数字的，1就相当于●，这对于孩子来说还不能理解。

有的时候，我们也会教给孩子另外的数数方法，比如说"1个，2个，3个，4个，5个……""1件，2件，3件，4件，5件……"等。

很多时候，根据具体的物体名称不一样，我们识数的方法也会随之改变，这个识数的方法和数字之间就产生了一定的联系。但是像1=1件=1个=●，这样的等式孩子还是没有办法理解的。

在教孩子识数的时候，要把识数的方法跟数量结合起来起来，"●，●●，●●●，●●●●，●●●●●"，以此类推，孩子看到这样的图形的时候，就会明白其中的意思，并且能够联想到"1，2，3，4，5……"

只有这样，●=1件=1个=1，才能够明白这个等式的意义。

总之，要想让孩子理解这个等式的含义，从不同角度的对孩子进行语言、数字、数量之间的训练是必不可少的。

当孩子第一次看到●●●●●的时候，一个个地数，可能会明白是5个的意思。但是要想让孩子一看就能马上明白这个意思的话，还是要反复让孩子接触这个数字，最终才能做出判断。

接下来，像5个一组、10个一组这样的问题就会一目了然了。

8就是●●●●●●●●，12就是●●●●●●●●●●●●。

8就是5和3一起构成的，10就是8和2一起或者5和5一起构成的。掌握了数字和数词之间的联系之后，加法、减法这样的算术问题在孩子看来就简单容易多了。

经常给孩子做一些计算的练习，比如1＋3＝4，5＋2＝7等计算等式，但是在这种练习训练之前，对于●＋●●●＝●●●●这种图案的理解要让孩子首先掌握，这一点对培养孩子对数字的感知度很重要。

如果看到数字计算等式，而不能把这种等式与实际意义联系起来理解，计算肯定也是做不好的。如果只是一位数字间的组合孩子肯定能够很快就记住了，但是当数字大起来的时候就怎么也搞不明白了。

　　这样的话，即便孩子能够记住九九乘法表，其中的意思也完全不能明白，遇到应用题的时候，读不懂题意因而列不出等式，自然也就解答不了问题。因此在孩子还小的时候，就要有意识地对孩子进行分阶段、多角度的数字训练，这样孩子将来在计算方面以及算数方面才能够拥有很强的能力。

激发孩子计算能力的游戏

为了激发孩子的数感和计算能力，现今市面上充斥着各种各样的教材，如小圆点卡片、数字卡片以及其他的印制品等。但要说有哪一种方法能够让孩子自然而然地去感知数字，从而掌握数字之间的技巧，我在这里推荐几款游戏给大家，因为这些确实能够让孩子顺其自然地去掌握数字。

一种游戏是玩扑克牌，另外一种游戏叫作"双六"。（备注：双六是儿童游戏的一种，是在纸上所划的格子内掷骰子，然后移动棋子来玩的一种游戏。）

以前，不管是哪家都会有像这样游戏道具，但是现在，这样的游戏都被游戏机取而代之了。仔细想想，你们家当年是不是也有这样的游戏道具？你只要找出来，试着给孩子看看这些扑克牌和骰子，我想孩子看到之后一定会饶有兴致，爱不释手的！

为什么这样的游戏被我说得那么好，我想你可能已经大致明白其中的意思了吧。

　　首先，每一张扑克牌上面都清楚地标记有数字和图案。这跟那种带小圆点的卡片具有一样的作用。

　　另外还有像"憋七"（一种扑克牌游戏，是将52张扑克牌全部发到游戏者的手中，每人以7数为中心逐数出同一花色的牌或者另出一张7，先出完手中牌者为胜）和"神经衰弱"（也是一种扑克牌游戏）等这样的游戏，我想孩子都会玩得不亦乐乎的。这样的游戏不但能够增强孩子的记忆力以及观察力，甚至还会产生很多我们无法预知的效果。

　　对于像双六这样的儿童游戏，第一个好处就骰子设置得很妙，另外双六的纸板上面的格子跟小圆点卡片是一样的。

　　乍一眼看上去就能够说中上面的数字是几，而且一看就会明白数字在1~6之间。

　　当你再次接触到双六这个游戏的时候，对于一般的加减法肯定没有问题了。

　　对于1~6之间的加减法游刃有余了之后，像6×6÷2=18

这种结构的等式也就能够马上一目了然了。

之后，在不知不觉中，孩子就会在脑海里面形成对数字的思考：比如接下来再出几张就可以赢了？把5打出去也没有关系吧，因为手里还有2和3，或者还有4和1；啊，7来了，我的2还真多耶！等等，这些都在不知不觉中学会了。

抄写对于孩子的识字训练也是一个很好的方法。

平时，有的孩子自己不喜欢阅读，但是在游戏中玩乐时，无形中其实已经在做阅读这件事了。这真可谓是一举两得的事情。

总而言之，这类游戏是带着某种目的来玩的，而像那种小圆点卡片的玩法就没有固定的目的，孩子有时候可能也会玩腻。

但是这种游戏与其他的游戏相比较而言，有所不同的地方就是：赢的时候会很高兴，但是输了的时候又会懊恼不已，整个过程都充满了喜怒哀乐！输了的一方，肯定会说，不行，我们再玩一次。这样其实已经挑起了孩子的竞争意识，这一点在以后的生活当中，包括在社会生存竞争能力方面，也起到了很好的效果。

在玩耍中掌握算
术的技巧吧!

11.选择幼儿园和教材的10大原则

1. 孩子很喜欢；

2. 教室要宽敞明亮；

3. 老师的想法能让人产生共鸣；

4. 有让孩子喜欢的老师；

5. 课堂里充满欢乐，孩子生气勃勃；

6. 在这里，老师要有充分的时间来跟家长们进行沟通、交流；

7. 教材要跟父母相性相合（如时长、数量、进度，以及是否需要远程教育等）；

8. 要有配套的可持续性教材；

9. 具有可认真跟踪的教育系统；

10. 有能够共享资源、能够相互征询意见、相互鼓励的同伴。

随着时代的改变，育儿方法也在不断更新、变化。跟我那时相比，现在跟育儿相关的社区活动以及如何教妈妈们来育儿的讲座都大量增加了。另外还有电话、电脑等极其便利的工具，你可以同世界上任何一位妈妈分享育儿的经验或相互鼓励。

现在这个时代的优点就是，即便你没有去固定的教室，在家里同样可以让孩子知道一些生存的方法，甚至能够让孩子把这些理论知识付诸实践。

其实，在挑选教室跟教材的时候，无论你选择哪一种都是不会有错的。因为不管是哪一种教学环境，哪一种教材，都是这个领域的专家们经过深思熟虑、反复验证研究之后得出来的结论。

不是说你买了多昂贵的教材或多么好的教材，就能够对孩子起到很好的效果，也不是说你去了多好的培训班之后就能够改变孩子的大脑。

最终起到作用的是妈妈或者爸爸为培养孩子聪明大脑做了哪些工作，哪些努力。

因此，在挑选孩子教材的时候，不要去考虑教材自身好与否，一定要选很容易就能够让孩子着手实施的，一定要让孩子这样想："就这样的教材，我肯定行的。"

这样一来，即便在学习的过程中遇到了什么难题，孩子也会有自己的计划、安排，尽全力忠实于自己最开始的想法。别外，我认为挑选那种能有同伴一起探讨、并且能够相互鼓励的学习环境比较好。

每天都做孩子这方面的工作，为什么需要很大的耐性呢？

因为有时候大人也会焦虑不安，由于孩子的厌倦情绪导致计划好的工作不能如期进行，这样一来灰心丧气也是在所难免的。

这个时候如果能跟老师好好交流沟通一下，或者跟其他的妈妈们聊聊，相互间鼓励一下对方，就变得能够继续努力下去了。这样不光能教育孩子，也能让家长们受益匪浅。

另外，在上辅导班的时候，即便是同一个学校同一个班级的老师，在思考方式以及教学进度方面也会有所差异。

所以，在给孩子报辅导班之前，要事先针对学校的办学方针以及老师的教学理念进行一次很透彻的沟通。这样才能够确定以下问题：这个辅导班是不是能跟孩子产生共鸣？课堂氛围怎么样？能不能让孩子产生一种跃跃欲试的兴奋感？等等。

如果已经开始上课，我建议家长们也去听听孩子们自己对学校的想法。

但是，什么都比不过孩子自己喜欢重要。他自己愿不愿意去？能不能适应学校的老师？这些才是问题的关键。

对其他的孩子合适的对自己的孩子不一定合适，一定要根据父母的时间安排、孩子自身的意愿、喜好等诸多因素综合考虑，然后再做决定。

一旦中途知道这里对于孩子来说不合适，就应该干脆果断地做出更换学习环境的决定，这种灵活应对的处理方法也是很重要的。

12.在幼儿园学到的10个心得

1. 让孩子知道为什么要去上学，目标是什么，目的是什么；

2. 不跟朋友攀比；

3. 父母自身不能争强好胜；

4. 跟昨天相比，只要进步了就提出表扬；

5. 同学们能力有别，不要老想着一定要争先；

6. 父母不要居高临下，要多跟孩子亲近，对于孩子的自主想法要加以支持；

7. 当孩子遇到不顺心的事情的时候，要用心倾听孩子的心声；

8. 一旦有与老师相性不合的想法就要立即更换幼儿园；

9. 不要随波逐流；

10. 别把一切都交给学校和老师。

如果是初次去上学的孩子，我在这里要提醒的有两点：第一，不要拿自己的孩子跟别人的孩子比；第二，父母自身不能争强好胜。

说实话，在我儿子上幼儿园的时候，也发生过一件让我难以启齿的事情。那天孩子跟别的孩子比赛谁先到幼儿园，结果输了，他自己懊悔不已，我心里也产生了一种强烈的竞争意识，觉得自己也晚于别人了。

我当时是出于两个理由送我儿子去幼儿园的。第一个理由就是，我当时想让儿子以后能够说一口流利的英语，为此就得让他从小开始学习，学会怎么样去适应英语的语言环境。

另外一个原因就是，我自己每天都跟孩子两个人在一起，确实也是挺无聊寂寞的，我也想跟其他的大人一起聊聊天什么的。

现在想起来，当时的理由是有点自私了吧！

理由如此充分，而目的也顺利达成了，但是无意间，一些没有必要的竞争意识也在这个过程中膨胀起来，以致后来的状态也越来越不好了。

育儿也好，做其他工作也好，最重要的就是有一个明确的目的。

养育孩子的目的就是，希望让孩子有一个幸福美满的人生而给他全力支持，希望孩子能够独立自强而守望和保护孩子。

在认清这样的目标之后，在到底应该怎么样做选择的时候，就会有一个客观的判断。这些都是身为父母在日常生活中要时刻不忘的东西。

除此之外，没有必要强迫孩子一味向前冲。如果是孩子根据自己的实际能力，心甘情愿地努力向前，就另当别论了。但是，让孩子拼了命地去掌握常人不具备的能力，然后再努力向前冲，这根本就不是孩子自身真实的学习能力。

孩子进幼儿园之后，教科书上的很多东西，对于培养孩子的聪明大脑有很好的效果。

但是，千万不能忘记的是"目的"的问题。每天不停地让孩子干这干那，当孩子比其他的孩子进步之后，父母就沉浸在这种优越感里面，这当然不能称之为最初的目的。

　　说到底，目的就是要发挥自己孩子所拥有的能力，让孩子相信自己将来能够成为自立、自强的孩子，最后培养出孩子的聪明大脑。

　　不要过度拘泥于眼前一些琐事，要以宽厚仁慈的禀性来对待自己的孩子，对自己不成熟的地方，父母也要多进行自我反省。

我太投入了，有谁能来阻止我！

接下来要说到的这件事情，真是让我难以启齿，也是一件很失败的事情。

事情发生在我儿子上幼儿园的时候，当时他3岁还不到。记得那天上完课后，老师给孩子们发了一些普通的糖果。

当时我对孩子的要求是除了点心之外，是不让他吃零食的。所以，尽管其他孩子已经开始吃了，我还是把我儿子那份给没收了，跟他说"一会再吃"。

我儿子自然不高兴了。他开始大哭。本是一小会儿就过去的事情，却迟迟没有结束的意思。

我一生气，就把孩子带出了教室。我当时真是气急败坏了，在教室外的路边，可以说是以一种很恐怖的姿态开始斥责这个小家伙："不行就是不行，你到底要哭到什么时候？"孩子受了惊吓，哭得更厉害了。

可我非但没有退步的意思，反而更为激愤地吼道："你必须跟妈妈道歉、必须跟老师道歉。"然后我们母子俩就在路边展开了"怒骂VS大哭的战争"，而且还越演越烈。现在想起来我还是羞愧得无地自容。

要是换作现在的我，会怎么样来处理这件事情呢？我想我可能会听取孩子的意见，"大家都在吃，这次跟大家在一起就另当别论吧"，然后让孩子跟大家一起吃糖果，"这是你努力之后老师褒奖的奖品哦"。把努力的重要性以及对于老师的好意应该带着一种感激的心情，这两点跟孩子说清楚以后，糖果的价值就远远高出了糖果自身的价值。

虽然说当定下一些规定的时候就应该去遵守，但是没有必要顽固地坚持过头。这就是当时一个不成熟的我，在育儿的过程一次失败的经验之谈。

Part 4

在孩子12岁之前应该做的事情

聪明大脑在12岁之前就大致发育完成了。

在这期间，小学阶段尤为重要，在育儿方法上要以语言教育为中心。

1.12岁之前一定要培养孩子的自信心

本章主要讲在孩子12岁以前，应该做些什么。

这个时期，最重要的事情就是要培养孩子的自信心。也就是强化孩子对自己的印象或者说是自我认识。如果在这一时期，孩子能够提高对自我的肯定，那么，孩子就能够一边做出自我判断，一边努力朝着自己的梦想前进。

其中，父母鼓励性的言行以及正面的教育，对于孩子来讲绝对是意义非凡的。

接下来，除了要讲述有关大脑的一些细微特征，我还会详细阐述一下父母应该以何种心态去面对孩子比较好，不同的语气语调所包含的意思有何不同，什么样的语言能够让孩子得到提升，等等。

如何提升孩子主动挑战的积极性？

● 父母每天乐观、快乐地生活；
● 多认同、鼓励孩子。

● 孩子的自我认同感得到提升！

● 于是，孩子就敢于挑战各种各样的事情了！

2.开发孩子的潜意识

在这里，我就以认知心理学和对脑科学的认知为基础，介绍一些在培养孩子的聪明大脑的过程中应该掌握的"意识"知识。

你听说过人存在潜意识和显意识这种说法吗？

在一本自我启发的书中这样写道："人一旦能够活用自己所具有的潜意识，就能够活出自己想要的人生。"

在人的大脑中所存在的思想，也就是意识，大致可以划分为两部分：有一部分自己能够感知，有意识；另外一部分自己是感知不到的，没有意识。有意识的那部分就叫做"显意识"，而无意识的那部分就叫做"潜意识"。

显意识，从理性上来讲，就是在人的大脑中能够形成自己所思考的事情或自己想要何为的愿望；潜意识是指人原本具备却忘了使用的能力，这种能力藏在我们的深层意识中，包括自己的观点、想法以及自己的感知方式等，是自己身体具有的一种本能的东西。

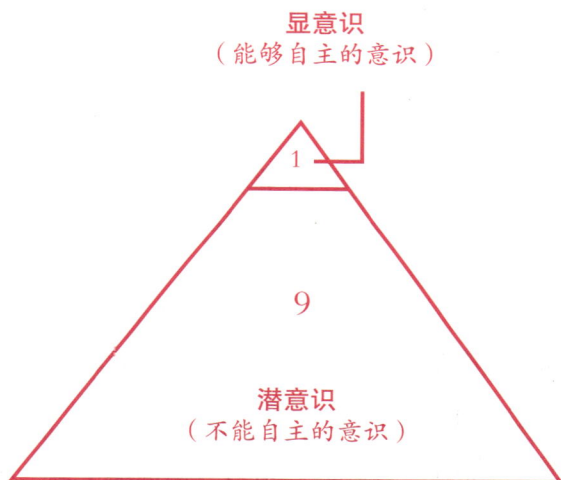

显意识
（能够自主的意识）

1

9

潜意识
（不能自主的意识）

人内心的显意识和潜意识按比例来说，显意识占1成，潜意识占据了9成。还有一种说法是显意识和潜意识的比例是3：97。

也就是说，比起在人的大脑中所思考的或者所希望的，人在深层意识所拥有的思考方式以及本能反应更权威。这才是人根据自己内心的潜意识，通过实际行动在现实中反映出来的本能。

人是依靠着"想法"来生活的

要问左右我们的行动和现实的潜意识是怎么来的，那都是从我们过去的经验中来的。

从呱呱坠地的那一刻起，一直到长大成人，我们都会经历各种各样的体验，看见、听见各种各样的信息。我们的所见所闻以及我们所做过的事情都会被满满地储存在潜意识里面。

打个比方，两个人正在热恋中，但是，突然有一天对方提出要分手，你是不是会觉得特别痛苦？这时候，你的脑海中可能会觉得"我俩的恋爱明明谈得好好的，怎么突然就……"但是你的内心肯定会认为"恋爱的幸福是不能长久的，因为分手总是会突如其来的"。

于是，当你下次邂逅你喜欢的人，开始谈恋爱的时候，内心深处就会滋生一种不安，比如："我现在的幸福会不会长久呀，对方会不会还像上次那个人一样，突然离开……"于是，现实就会被自己坚信的想法改变。

潜意识就这样在你浑然不知的情况下，将现实问题摆在你眼前。

但是，并不是说人的潜意识都是在不好的方面发挥作用。潜意识在好的方面同样也能够起到很好的作用。比如说，从小就听人说吃什么什么东西对身体有好处，能预防感冒之类的，我们就会为了保护我们的健康，一直坚持吃这样东西。

潜意识是在我们的所见所闻以及我们所经历的事情中产生的，由此产生的想法也会让现实如自己坚信的那样发展下去。

3.关键是要有一个好的自我意识

自我意识就是指：自己对自己的认识。

我们要做的就是让自己成为或接近成为想象中的自己。这跟实际的才能与本事无关。

小时候，当我们面对新的挑战的时候，如果完成了就会受到表扬，内心也就会沾沾自喜。这种坚持到底的心态能够日积月累，到长大成人的时候，就会有这样一种自我意识：我喜欢挑战新事物，不管什么事情我都没有问题。

相反，如果从小到大都没有过这种亲身体验，孩子就会觉得自己一无是处，做什么事情都没有办法做好。有了这种负面的自我意识之后，别说挑战什么新事物，就是自己想干的事情也会干不好，渐渐地对什么事都会不想干，不愿意干。

另外，从周围人的言语中，孩子也能够建立自我意识。

如果孩子总是受到正面语言的表扬，那么，他的自我意识就是积极向上的，在实际的行为上也会表现出积极的一面，言行就会一致，相辅相成，最后形成一种螺旋上升的趋势。

就是这样，自我意识在人的行为上产生了很重要的影响，再加上人自身的体验与周围人言语对自身的评价，最后行为的累积就塑造了人的一生。

平常的自己（自我意识）是最舒适的空间

遗憾的是，占据人心90％的潜意识，不是说记下来马上就会有所改变。下面我就举一个具体的例子来说明吧。

比如总是考100分的孩子，他会觉得100分就是他的舒适空间，当某一次考取了60分的时候，就会产生与认知不协调的感觉，下次考试的时候就会争取重新考回100分。

相反，如果某个孩子每次考试都是60分，他就会觉得60分是他的舒适空间，当某一次考了100分的时候，虽然会表现得很高兴，但是潜意识里面还是会觉得不协调，所以在下一次考试的时候就考回了60分。

如此一来，从一开始就让孩子觉得100分才是自己的舒适空间，这一点至关重要。在这种意识的基础上，从幼儿开始，就教会孩子掌握一些基本的学习能力也是很有必要的。

我们有时候不光在大脑中，在实际生活中也会产生这样的错觉：就是总觉得某件事好像真的发生过一样。

这就是所谓的身体的本能反应。

产生这种本能反应的关键就是，原有的一些具体的事情，通过映像真实地反映在自我想象中。

试想一下，假如我们看了某部电影或者电视，通过剧情就会把自己置身其中，然后像剧中的主人公一样一会儿哭一会儿笑，会出现心动等一些本能的反应。

这样一来，这些想象的东西就会在大脑中与现实产生错觉，然后开始产生跟幻觉一样的反应，至此，看不见的东西能够看见了，没有获得的信息也获得了。

　　希望将想象变成现实，为了确保将自己的状态调整到这一模式，意识和大脑就会自发探寻与之相称的东西。这样一来，将理想变为现实的行动也就开始了。

4.父母决定孩子的可能性

那么，现在大家都知道自我意识的威力有多大了，接下来要说的是自我认同（自我意识）对人的行为起到多大的决定性作用。

你们的孩子在做最普通的决定的时候，是怎样做的呢？

这当然得依靠你们，这些跟父母有没有意识去做没有关系。在日常生活中所见的父母的行为、生活习惯、父母所创造的生活环境以及父母的口头禅等构成了孩子认为理所当然的事。就拿说话方式来说吧：

"上不了好的大学，这辈子都没法有出息了！"

"努力了也没有回报！"

"女孩子读书没有温柔贤惠重要！"

"现在还真是男人的天下！"

"这世道真是冷酷无情啊！"

"男人才应该坚强勇敢！"

"我们家很穷啊！"

……

父母的人生观和价值观就这样毫无修饰地、赤裸裸地灌输给了孩子。

再从生活习惯和行为方面来说，家里总是去外面就餐，或者是几乎不去外面基本都在家里做饭吃；看什么样的电视剧；休息时间怎样度过；从早上起来一直到晚上睡觉每天都做什么事情；父母有什么样的生活习惯……这些也都会原封不动地成为孩子认为理所当然的事。

从环境方面来讲，父母的职业以及父母结交的人群对孩子有很大的影响。

医生或者政治家这类家庭，职业总是代代相传的，这就是一个很好的例子。

如果周围都是这样的人，自然而然地，在得到一些信息的时候，这些信息也起到决定性的作用，孩子也就对这方面产生了向往。

比如对于一个普通人来说，出版书籍这件事情是遥不可及的，但是对于自己父母在出版社工作的孩子来说，这就是发生在自己身边事情，没有什么特别的。

在这里我还想提醒大家注意一点：有时候你自己都意识不到，有很多你深信不疑的自我意识其实并不是事实。

"父母看不到我拼命学习的样子，我就没法考进东大。"

"要进入好一点的大学，上补习班是必不可少的。"

"要想考进好大学，小学就必须得到好点的学校上。"

"小升初考试成绩要是理想的话，孩子就只会感觉幸福，不会觉得辛苦。"

"安定的人生对于任何人来说都是一种幸福。"

……

这些想法，到底是不是事实，一定要客观地一再审视清楚。

诸如"不得不……""应该……""就是这样一回事"等言语，事实上，这些并不是事实，大部分情况下都只是强烈地反映了自己的价值观罢了。

一旦用这样的想法束缚了孩子的思想，孩子的能力就很难发挥出来，也有可能就此阻碍孩子的其他很多种可能性。

人都是有思想的，没有思想的人是不存在的。

而大多数情况下人都拥有积极的思想。

我们做父母的一定要具有培养孩子自我意识的自觉性。想让孩子抱着一定要幸福生活的思想，父母有这样的意识是至关重要的。

要想孩子能够既聪明又能够自立自强，还能够保持积极向上的良好心态，就要经常将下面这些话语传达给孩子：

"自己的前进道路自己做决定。"

"人活一世，要以对社会贡献作为生存的目标。"

"总的来说，还是好人多。"

"要以感恩的心来丰富自己的人生。"

"只要努力就会成长。"

"均衡的饮食习惯有利于健康。"

即便孩子现在的状况不理想，这样的话说多了，孩子自然也就相信了，在孩子的大脑里也就慢慢建立起了这样的自我意识。

孩子的世界是在父母日常的口头禅中建立起来的。同样，想要孩子有什么的生活习惯，想给孩子什么样的生存环境，这些都是父母创造出来的。所以，父母一定要每天保持好的心态，积极向上，即使面对新事物也坦然、快乐地度过每一天吧！

父母对孩子的影响很大！

如果父母的话语总是积极向上

如果父母每天都是满腹牢骚、愤愤不平

孩子就会变得阳光开朗、积极向上

孩子就会变得自卑、胆小

5.孩子的人生由父母的说话方式来决定

你希望自己的孩子成为什么样的孩子呢？

一定想要他成为聪明的孩子吧？

那么，你是怎么样跟孩子说话交流的呢？

"为什么这么简单的东西就是弄不明白呢？你是笨蛋吗？"

"哎，我家那孩子真是太笨了！"

这些话，你对孩子说过吗？

如果你对孩子说了这些话，那么你就太"危险"了。

跟依靠父母建立对事物的观点是一样的道理，孩子的行为很大程度上受到自我意识的影响，而这种自我意识几乎都源自父母的影响。

这其中当然也包括了周围大人的话语以及老师的影响。

也就是说，孩子的自我意识是在周围大人或者父母的"言语"中形成的。其中，父母对待孩子的说话方式是最为重要的因素。

为什么这样说呢？因为对于孩子来讲，父母是先于自己很多年就已经生活在这个世界上，还生养了自己，可以说，在孩子眼里父母简直就是无所不知、无所不能的"超人"，父母的存在本身就是很了不起的事情，也是能够保护自己、疼爱自己、自己非常喜欢的一种存在。

正因为在孩子眼里的父母是这样的一种存在，所以对孩子来讲，父母所说、所做的一切都是正确无误的。

因此，父母对孩子说话的态度、内容等，就会原封不动地加印进孩子的潜意识里面，形成孩子的自我意识，接下来孩子的行为也就是在这样的自我意识下进行的。

我家的语言魔法

我儿子的情况是这样的，因为我从他小时候起就给他的五官进行了充分的刺激，以至于他上小学之后，在学习上没有遇到什么困难，一直很顺利。但是，他从小就很胆小，走路也走得慢，想让他从高一点儿的地方跳下来是绝对不可能的；要让他去玩滑滑梯，他宁愿去检橡子；跑步也很慢。虽然也去上了体操培训班，但结果都不知道从哪里说起比较好，完全不行。

于是我就对我儿子说："你的动作还真是迟钝啊，但是你脑子挺聪明的。"

这样的话老是挂在嘴边，自然就在他的大脑里面形成这样的潜意识。

"我的动作很迟钝，但是我的脑子挺聪明的。"渐渐地，这样的自我意识就巧妙地建立起来了。

于是，就如前面所提到的一样，他四年级的时候，便放弃进行了好几个月的棒球训练。

他放弃的理由就是："因为我在这里再怎么努力，以后也不可能成为棒球选手。"总之，他对自己的认知就是动作反应迟钝。

就是这个"动作迟钝"让他觉得不舒适，从而失去自我。

所以，对于自我意识，他采取的行动，就是不再在运动方面付出努力了。

如果当时我没有说那么一句"你的动作还真是迟钝啊"，而是说"不就是游泳嘛，你肯定没有问题的"，也许，孩子可能一直都在练习游泳；"棒球的话，只要你坚持练习，一定能练好的"，这样说的话，说不定孩子到现在都还没有放弃棒球，而是继续练着。

与此相反，也发生了下面的事情。

那时候，我儿子刚去上了中考培训班没几天，就因为感冒在家休息。

本来学校的课程，对他来说完全不是问题。但是，可能是辅导班的题难度确实很大，有几个问题他弄不明白。他虽然来问了我这些问题，但是我一开口教他，就快变成吵架了。

　　而对于我儿子来讲，"聪明"是他的一个舒适空间。一旦有不懂的问题产生，对他来讲就是种很不舒服的感觉。于是，为了回到让他感到舒适的空间，从那以后，他一次培训班的课都没有落下过，自主努力学习，再也没有想要依靠我了。

　　这时候你可能会这样想："话虽如此，主要还是因为这个孩子本身就具有这种天赋。"当然，有的孩子天赋是与生俱来的，但是，如何去发挥这种天赋，这种天赋会不会根本发挥不出来，这些都是由父母的言语来决定的。

　　想培养出什么样的孩子，这是显意识，是大脑里面所期望的事情。

　　对孩子说什么样的话，这是一种潜意识，是内心真实的想法。

　　期望终归是期望，不能如自己所愿的孩子也不少。

那些不能如你所愿的孩子，一旦将你心里想的，在嘴上也说出来，结果就真的会变成你嘴上所说的难以如愿的样子了。

　　总之，有了对孩子"想要他怎么样"这样的想法以后，不光是想孩子变成这样，更应该坚信孩子一定会这样，然后把这种坚信用口头表达出来。

　　然后，跟孩子在一起的时候，在人前也没有必要过度谦虚，当孩子受到表扬的时候，只需要坦诚接受，然后说声"谢谢"就可以了。

　　从今天开始，别光是希望自己的孩子成为聪明的孩子，还要用嘴巴说出来："你就是聪明的孩子！"

6.赞美之词、信任之言，能让孩子成长

就像前面所提到的一样，孩子小学阶段父母最重要的作用就是帮助孩子提高对自我的认识。

孩子很小的时候，一丁点儿的事情也会受到表扬，但是到了小学以后，开始跟其他小朋友进行比较，对于一些小事情慢慢地就不被表扬了。

正因为如此，这个时期，父母一定要有意识地多说鼓励孩子、相信孩子的话，这对于培养孩子的信心尤为重要。

那么，这个时期对孩子说什么样的话合适呢？

首先，不管对于什么样的事情，都要以孩子能够成功的态度来事先予以表扬。

"真棒真棒！"

"做得好!"

"真是太厉害了！"

"这都做得到，真厉害！"

"你做得真的非常好哦！"

"你真出色！"

"这是努力之后的结果！"

"你简直就是天才呀！"

"真聪明！"

"你的运动天赋真是出类拔萃、与生俱来的呀！"

……

怎么样？

把这些文字大声念出来，在读这些文字的时候，你自己的心情也会大好吧？

语言是具有强大能量的。

父母在跟孩子说一些正面的语言的时候，这种能量就会传递给孩子，同时，自身也会迸发出一股正能量。

当孩子在挑战新事物的时候，就对孩子说一些相信他、信任他的话吧！

"因为是你，所以一定行！"

"先试试，没有问题的，一定能够顺利完成！"

"因为你是爸爸妈妈的孩子，一定做得到！"

"连老天都在拼命为你加油呢！"

"好吧，那我们就为你加油了哦！"

……

这些话语都能够燃起孩子的自信。

总之，就算是能够顺利完成的事情也要事前用语言表达出来。

千万不要说一些消极的话，比如"不要失败哦！""我会担心你的哦！"总之就是尽量不使用一些带"不"字的否定词语。

如果跟孩子说"一定不能失败哦"，在孩子的大脑里就会浮现出失败的自我意识。于是，在行动上也会无意识地朝着失败的方向发展。

另外，"绝对能够顺利完成的"这样的话，可能会让家长们担心，要是最后失败了的话就变成撒谎了。所以也完全没有必要把话说得那么死，该是什么样的就是什么样的，实事求是就可以了。

承认孩子到现在为止所付出的努力，对于接下来要面对的事情，要充分给予信任。如果从父母那里得到了正面的意识鼓励，在孩子眼里，父母就远比想象中更具超强大的能量。

7.多说让孩子安心的话

看到标题，你可能会觉得，"这不是没有表扬孩子吗？"

事实上，这不是说不要表扬孩子，只是说，跟孩子自身的能力相比，父母的期望不要太高了。

人都对自己的期望值有一个标准，如果结果高于期望值的话就会喜出望外，要是低于期望值就会无限失望。

但是，没有哪件事情是零结果的，无论做什么事，最后都有个结果。

因此，孩子做了某件事情，就算结果低于你的期望值，你只需要对于当前状态下的结果给予承认、肯定，这样孩子也会很安心的。

考试也是一样，先不要去评价成绩的好坏，你只要说"这次考了60分啊"，这样的话也等于是在给孩子的努力以肯定。你还可以听听孩子的意见，问问孩子关于这样的结果他是怎么想的。

还有就是，我们都有一种想得到别人最基本的认可的欲望。

肯定这件事，本身不包含任何表扬，只是一种对存在感的肯定。所以像一些寒暄、打招呼用语等也就是必不可少的，比如"早上好""你走好""你回来了呀""晚安"等。

多用眼神看着孩子说话，多给予孩子拥抱，这些口头语言之外的身体语言也能够带给孩子安心感，孩子就会觉得"我在这里挺好呀""活下去真好啊"之类的。

还有一点就是，对于日常的一些努力或者一些事情要予以慰劳，这一点也是至关重要的。即便是出现在你眼前的结果没有预期的那么理想，还是要说些让孩子觉得别人已经看到他在努力的话语，比如说一些"真是很努力哦""你每天都是这样努力的呀""你的努力我都看见了""我也明白你的心情"之类的话。

另外还要说一些让孩子觉得父母守护在自己身边，可

以让他安心的话语。比如"爸爸妈妈也会跟你一起去的，
没事""谢谢你跟妈妈谈心""正因为有你，我们才会这
么幸福快乐""尽管……我们还是赞成你的观点""爸爸
妈妈真的很喜欢你"等。把这种对孩子存在的感恩用语言
表达出来之后，孩子听了也会有绝对的安心感，就会从此
相信自己的能力，并能够茁壮成长起来。

能让孩子干劲十足的语言

"可以的，你一定行！"

"真好啊！"

"妈妈看着呢，你就按照你心里想的去做吧！"

"我们一起来完成怎么样！"

"你已经这样努力了，一定不成问题！"

能提高孩子自我肯定的语言

"做到了，干得真漂亮！"

"你已经很努力了，妈妈都知道哦！"

能提高孩子自我意识的语言

"真做了呢，真的做得很好！"

"果然很厉害啊！"

"你简直就是天才呀！"

"真棒！"

"你的话肯定没有问题，我早就说过你行的！"

向孩子传达父母的关爱

"因为有了你这个宝贝，我才会如此开心、幸福！"

"你真是个让爸爸妈妈倍感骄傲的孩子！"

"感谢你降生到爸爸妈妈的身边！"

"能身为你的妈妈，真是倍感欣慰！"

"以后不管发生什么，爸爸妈妈始终都是在站在你这边的！"

"正因为有了你，妈妈的人生才会如此充实！"

8.打动孩子的表达方式

在这里我将讲述一些关于如何让孩子感动的表述方法。

根据说话对象（也就是主语）的不同，自己在跟别人说话的时候所要传达的信息，大致分为三种。

一种就是以"你"为主语的，叫做"YOU"信息。

就比如我跟我儿子说的"真是迟钝啊""真聪明"，这些话的主语都是"YOU"。还包括"真棒""果然很厉害"这些的主语都是"你"，所传达的信息也统统都是"YOU"信息。

这种"YOU"信息，所要表达的意思是对对方的评价，有时候也会是一种斥责对方的说话方式。因此，一般情况下，要表达的信息根据说话人不同，有时候可能起到正面效果，有时候则有负面的效果。

如果是你尊敬的人说"你真是太出色了"，你当然会很高兴，但是如果年纪比自己小很多的人说"你真的很棒哦"，你听着可能就会觉得怪怪的。而如果是你根本信不过的人说这句话，你就会觉得这人怎么那么做作，甚至会觉得别人把自己当傻瓜一样来对待了。

还有像"反应迟钝"这样具有负面意义的词语，在使用这个词语的时候，有可能会给听话方带来诋毁自己人格的感觉，听话人可能会觉得受到很大的打击，也有可能一下子就失去对说话人的全部信任了。

那么，在父母和孩子之间又是怎么样的呢?

对于孩子来讲，父母的存在是非常了不起的，从父母那得到"YOU"信息，对孩子的自我意识的形成影响是非常大的。

因为"YOU"信息伴随着人的情感，刻上了深深的意识烙印，所以在传达这样的信息的时候，尤其要注意慎重选择语言。

另外还想让大家注意的一点就是，在斥责别人的时候，比如说"必须要这样""不得不怎么样"这类的，到最后可能会成为束缚别人的话。

尤其是像"你是个乖孩子"这样的话，言下之意就是"你不是乖孩子就不行，你必须要做乖孩子"，甚至还暗含着"如果你不是乖孩子的话，爸爸妈妈就不会喜欢你了"这样深层次的意思在里面。有的孩子为了得到父母的认可，便在父母眼前装出乖巧的样子，这种情况也时有发生。

接下来这个跟前面意思不一样的传达信息的方式，就是第二种以"我"做主语的"I"信息传达法。

前面以"YOU"信息形式来表达的"你真是太棒了"，换用"I"信息形式来表达就成了"我真的觉得×××很棒"，这样一转换，就没有斥责别人的意思在里面了，只是表达自己的意见而已。

说话人是基于事实提出了自己的想法，这样对方也容易接受。而且从排列次序上来讲，也把对方的行为以及存在带给自己的影响等信息都传递给了对方。

如果把简单的一句"你真棒啊"说成"你这么厉害，能够跟你结识，我感到无比高兴"，或者说成"我从你那学到了很多东西"，普通人的内心一般都会被打动，然后接受你的意见。

这种说话方式对孩子也同样管用。当孩子帮了忙不光要说"真是个好孩子，还给妈妈帮忙了"，而且要更进一步地说"你能这样给妈妈帮忙，妈妈真的是很高兴哦"。这时候孩子心里就会想："我这样做妈妈会很高兴啊，那么我下次还要再接再厉！"

让孩子下次还接着努力的原因不是孩子觉得自己要做个乖孩子，而是这样去做了，妈妈会很高兴。

在教育孩子的过程中，其中有一条需要教会孩子的就是"乐于助人"，从帮助他人的过程中获取快乐。如果自己能够帮到他人，自己的人生也会丰富起来。

事实上，这个原本是每个人都拥有的梦想，因此，如何把这种梦想跟行动结合起来，付诸实践，就需要父母在教育孩子的时候真诚地把自己的情感传达给孩子。

"你这么努力，妈妈真是很欣慰！"

"看到你跟朋友处得很好的样子，妈妈也很高兴！"

"你以后想成为××那样的人，妈妈也很期待，我的心现在就开始'扑通扑通'跳了呢！"

孩子在听了这样的话之后，也会感觉高兴、兴奋，然后干劲十足地去面对后面的事情。

第三种传达信息的方式就是以"我们"为主语的"WE"信息传递法。

比如说，"这真是多亏了××，才让我们大家有了干劲。"这样就把大家都受益匪浅的事实传达给了对方。

又比如在家里可以跟孩子说："你一笑啊，爷爷奶奶，爸爸妈妈也会忍不住都笑起来！"

孩子表现得好或者做了你希望他做的事情，再或者跟你说出自己的梦想和目标的时候，首先务必以第一人称的方式将你的感情传达给孩子，然后千万不要忘了附加一句"谢谢"之类的话。

传达信息的方式

"I"信息——
**以"我"为主语
表达出来的信息**

"你这样努力，我真的很高兴！"

"WE"信息——
**以"我们"为主语
表达出来的信息**

"你只要这样笑眯眯的，我们大家就会很高兴了！"

9.说出孩子的心声

再说一遍，只有让孩子感同深受的语言才是他容易接受的。也就是说，当孩子说某件事情的时候，要从他说话的语气中读懂孩子当时的心情，进而替孩子把他想表达的东西说出来。

孩子说话的时候一定会给你留下一种印象，里面包含喜怒哀乐这样的感情色彩，这时候，你一定要对孩子的感情进行解读，读懂孩子的内心世界，然后以语言的形式替他表达出来。

例如：

"妈妈，我今天跳箱能跳到第7级了哦！""真的啊！那真是太好了，妈妈很高兴！"

"妈妈，今天在学校，有同学故意刁难我了！""这样啊，那真是让人很烦呢！"

"妈妈，这次郊游真是我们小孩的乐园呢！" "那真是很值得期待呢！"

母亲在听到孩子说这些话的时候，常常不知不觉中就会按照自己的情感来处理孩子所遇到的事情。

但是，当孩子说在学校被人故意刁难的时候，换一种说法来回答，比如，"你被欺负啦？××真不是个好孩子！"这样的话，因为带着自己的评价，会让孩子心里也变得紧张起来。

了解了孩子的想法，说出他的心声后，还要乘势接着问问孩子，比如"那后来你怎么样了？" "接下来你觉得应该怎么办呢？" "有什么妈妈可以帮忙的吗？"这样孩子会重拾安全感，自己冷静下来好好思考，之后会得出一个自己的答案。

父母接纳与疼爱，进而让孩子拥有安全感和自信心，这是孩子在成长路上必不可少的能量。

10.不用怒骂也能让孩子反省的话语

当孩子做得很好的时候说几句表扬的孩子话，我想并非什么难事，在这里要说的是，当孩子做错了事情的时候，做父母的要怎么样来表达自己的想法，处理这样的事情。

"你这孩子真糟糕，无药可救了！"

"真是拿你没有办法啊！"

这样的"YOU"信息传达给孩子后，不光让孩子很伤心，还贬低了孩子的自我意识，只会徒增一些悲伤的、生气的、负面的情绪，一点儿都起不到让孩子反省的作用。

父母生气发怒，一味去批评孩子，只会让孩子也产生反感情绪。因此，在知道孩子犯了错误的时候，不要一味地去责备孩子，而要把作为父母知道这件事后自己的心情传达给孩子。

我在这里，谈一谈"生气"或"悲伤"这些负面情绪的处理方法。

我们的日常生活中经常出现的"生气""气得发昏""火冒三丈"等愤怒情绪，被称为第二类情感。

实际上，在愤怒的深处，包含了悲伤、失落、寂寞、懊悔、惊恐以及不安这些情感，我们把这种情绪叫作第一类情感。

"真的很悲伤才会发怒。"

"人一失落就容易发火。"

"因为担心才会焦躁不安。"

"也是因为受到了一定惊吓才会火冒三丈。"

这些说的就是这样的意思。

于是，当你把愤怒的情绪传达给对方的时候，对方也会原封不动地把这份愤怒的情绪返还给你。

那么，到底该怎么办呢？

"真的好悲伤！"

"好失落啊！"

"很恐怖！"

"真的好寂寞！"

当听到这样的话的时候，你是不是还会生气呢？当然不会了吧。

懂得了人心之后，面对孩子的时候，就不能只是意气用事地一昧发怒，首先应该明白将面对的这件事情对自己来说是何等的重要。

首先要在自己心里掂量掂量，我现在到底是为了什么事情在生气呢？哎，我原来是因为担心啊，这样想明白之后，就会把这种担心说给对方听，同时，自己的心情也会慢慢平静下来。

又比如说，如果孩子不好好学习的时候，就不能说"你赶紧好好学习去！"而要说"妈妈看到你这样不好好学习真是担心啊，你不学习真的没有问题吗？课堂上的内容跟不上，后面会很麻烦，也很苦恼哦。"

当得知孩子在学校被同学欺负了之后，回来你可以跟他说"××同学真的做了这样的事情啊，妈妈真是感到很难过！"

当孩子没有跟家里打招呼，很晚才回来的时候，你就可以跟孩子说"大家都很担心你，平安无事地回来就好了，下次记得一定要按时回家哦，不然我们都会担心得坐立不安的！"孩子听了这样的话以后，也能够坦诚地反省自己了。

有句话是这样说的，教育孩子即是在教育父母，我对这句话是点头赞成的。我之前也很容易就生气，当然不能说我现在就不生气了，我现在也还远远没有达到自己的理想状态，但在了解心理的成因之后，现在至少能够让自己冷静下来，再回过头去慢慢考虑整件事情。

另外，跟别人进行谈话的时候，我也提升了这方面的意识。

或许自己的内心才是最难应对的，为了孩子的健康成长，作为家长，我们也要精益求精，日渐进步才行！

让孩子茁壮成长的两句话

"果然做到了呢！""偶尔也会这样的！"根据不同的场合，经常使用这两句话，对孩子产生的影响也是截然不同的。

比如，在我们面前出现了一位天才少年，他甚至被大家说成是爱因斯坦转世，而且每次理科类的考试都是100分。

这个时候，你肯定会说："果然很厉害啊，真不愧是天才！"

反过来，比如有一次考试，他只考了30分，你肯定会说："他肯定是身体状态不好，偶尔一次吧！"

同样，如果是一个以傻气闻名的艺人，考试的时候，考了30分的话，有人就会说，"果然如此啊"；如果考了100的话，有人就又会说，"运气好罢了，侥幸侥幸"！

同样的语言，根据不同的对象，说出来的味道却是截然不同的。

对于自己的孩子，你是什么时候说"果然"，什么时候说"偶尔"的呢？通过你对孩子说的话，能够清楚地判断出孩子在你心里是个什么样的位置。

如果父母对孩子的任何可能性持有充分的信心，当孩子取得好的成绩的时候，父母一般都会说，"果然做到了，真不错！"

当孩子没有如愿以偿的时候，请你务必对孩子说，"偶尔这样嘛，没有关系！"

当孩子做得好的时候，请记得说："我就在想你肯定没有问题的！"当孩子没能到达到预期目标的时候，请记得说："偶尔谁都会这样的，真的没有关系的，我们下次努力就可以了。"这样孩子的自我意识也能不断得到提升，对于自己所能够做的事情，以及适合自己的舒适空间，也能不断得到强化，自信心就能在下一次的挑战中转化为原动力。

11.绝对不要说的话

当孩子跟你说，我长大以后要做大联盟的选手，或者是说我以后想当总理大臣。你听到孩子说这样的话的时候，是怎么样来回答的呢?

"那肯定不行!"

"不行，太危险了!"

"以后都不准再说像这样的梦想!"

……

你是这样回答孩子的吗?

给与孩子足够的安全感，相信孩子有无限的可能，让孩子能够相信自己，这些都是为人父母的义务，千万不能否定孩子的梦想以及想法，不然孩子以后就会慢慢失去梦想。

　　一个孩子在前进的道路上有没有梦想和目标，在行为表现上以及所散发出来的能量上是截然不同的，最后的结果当然也是不一样的。

　　能够实现梦想的人往往是那些在拥有梦想的道路上绝不放弃而坚持前进的人们。

　　但是，即便是在追求梦想的中途放弃了也没有关系。就算梦想没有实现也不算失败，至少从中学到了东西，在面对下一次梦想的时候就能够成为新的筹码。

　　与其不讲理地让孩子放弃梦想，不如去相信孩子，因为孩子在前进的道路上能收获很多他人生中重要的东西，而且孩子也能够在这个过程学到他所需要的东西。就这样相信孩子，用语言表达出你对孩子的支持吧！

12.让孩子在小学快乐学习的决窍

认字、记单词、学识数，可以说，没有一开始就厌学的孩子。那是从什么时候开始，孩子开始讨厌学习了呢？原因又是什么呢？答案很简单，就是不懂。

人原本就有一种对未知事物的好奇心，也有追求更好的上进心，不管是谁，这两样东西都是与生俱来的。

也就是说，对于学习变得讨厌起来是因为学习这件事情本身对于孩子来说，已经失去了乐趣。有乐趣的事情就等于是自己擅长的事情，自己做到了某件事就会有成就感，就能够体会到成功的味道。

人最终的快乐不是来源于金钱，也不是来源于别人的褒奖，而是源于自己的进步，以及自己对成长的实际感受。

人一旦获得了高兴、快乐这样的快感之后，在行动上自然而然就表现为更要追求这样的东西。所以，当孩子持续地体会到了成功或者出色地完成某件事情后，学习这样的事情也就不在话下了。

正因为如此，在小学期间要想能快乐地学习，那就要让孩子在学习方面，保持"我会，我能，我做到了，我真高兴"这样一种学习态度。这样一来，孩子自然也会产生"我对学习很在行"这样的自信心。

先要记住大量的单词才有可能去理解语言，对语言有个大致的印象之后，才能对数字产生认知。也就是说，一定要牢牢把握母语和算术是学习的基础，也是重中之重。懂得了这些之后，才有可能去学习社会和理科类的知识。

13.从低年级开始养成好的学习习惯

学习成绩再好的孩子都会有不想学习的时候，其中影响最大的就是习惯问题。学习习惯也是一种重要的习惯。

学习习惯就跟早上起来要换掉睡衣、洗脸刷牙、吃早餐是一样的。

那么，学习习惯是在什么时候形成呢？在小学低年级的时候就已经形成了。孩子要自己独立自主地一步一步地走出自己丰富的人生，吃饭、刷牙和学习都是如此。

孩子上了学之后，不懂的东西也会慢慢多起来，为了孩子不会因此而厌学，从小学开始就得让孩子养成良好的学习习惯。

孩子越小就越容易培养他的一些习惯。学习本身是一件很快乐的事情。通过每天学习一点点、进步一点点，孩子也能感受到自己的成长，还能够得到周围人的认同和赞许，确实是一件何乐而不为的事情。

有的孩子就是因为没有良好的学习习惯，认为学习等于痛苦。而这跟父母有很大的关系。

如果父母传达给孩子的信息是"学习很快乐，学习也是一件越干越有劲的事情，题目会做了自己会很开心，对自己的成长也是件难能可贵的事情"，那孩子得到这样的信息之后，也会感受到学习在成长中的快乐，也能够自主学习了。

总之，最重要的一点就是，哪怕一天只花15分钟的时间也好，一定要提前安排好要做的事情以及时间。什么时间该做什么事情一定要坚决遵守，长此以往，学习习惯就养成了。

当孩子不想学习的时候

计划定好后，但孩子总有不想学习的时候，这种时候就可以先做一小部分，剩下的下次再继续做。但是，一定要让孩子知道，因为这次没有完成的部分被留到了下次，下次做的时候量肯定会增加。

这样虽然对孩子有点严格了，但是一定要让孩子切身体会到该做的事情一定要在规定时间内完成，日事日清的道理。长期坚持这样教育孩子，就是我培养孩子自觉学习的密诀。

人类的行为都是为了追求"快乐"或避免"不快乐"。做不到感觉便会很糟糕，因此要避免不快的感觉；做到后感觉会非常好，即能得到快感。给孩子灌输这两种感情之后，孩子就能够自主学习了。

还有一点值得注意的是，如果某天孩子的心情很好，在完成当天应该完成的学习任务之后，不宜再给孩子追加一些学习任务。

　　因为孩子觉得好不容易完成了，你再继续让孩子做的话，孩子就会觉得我怎么反而越做越多了呢？这时候欲望便会随之降低。如果孩子自己说我再做点吧，倒是个例外。如果事先确定好量，以后就得严格按照最初的约定进行，做完即可。

　　另外，作为父母不要因为自己的时间安排，或者有什么急事，就叫孩子不要学习了。因为是父母从一开始就做好了的决定，更应该坚持到底，遵守自己的约定。

　　不学习感觉便不好，而学习了感觉则很好，行动和情感在这种学习习惯的影响下，不断循环，聪明大脑就是这样培养出来的。

Epilogue

孩子初高中期间，好妈妈的六个心得

这个时候，你的孩子已经是一个充满活力、满怀梦想的大人了，这跟你的教导密切相关。最后这个阶段，针对青春期的孩子，你更要用心体会以下六点。

1.妈妈"很烦"

小学的时候，孩子在学校遇到的事情，或者是跟朋友间有什么事，都能够告诉父母，但是上了初中以后，就不再愿意跟父母说了。甚至你问孩子，孩子也会爱理不理的，有时候还会摆出一副男子汉的架子，嫌你啰唆。

这个阶段就是大家平常所说的孩子的叛逆期。我儿子的叛逆期，倒是不知不觉就过来了。但是其他的母亲常常跟我抱怨，"孩子很叛逆，常常吵架，感觉糟糕透了。"而在我跟我儿子之间从来就没有发生过这样的事情。

孩子说你"很烦""很啰唆"的时候，你可以说"我知道了，那我就不说了"。这样退一步就避免了跟孩子之间的冲突。

孩子在青春期会觉得父母啰唆是很正常的事情，当父母的对于这一点难道没有预想过吗？

到了初高中以后，孩子跟同学、朋友相处的时间多了起来，对异性也开始产生兴趣。相反，跟父母之间的谈话越来越少，隔阂愈来愈大，跟父母在一起的快乐也就日渐稀少了。

这时候，孩子也慢慢开始根据实际情况来考虑自己的将来，希望增加的同时不安也在增加。但是，在面对大人的时候，一个刚刚成长起来的孩子，又不能坦诚地跟父母说出这些自己的烦恼，因为他觉得这种事情很丢脸。

从心理教育方面来说，从孩子小时候开始，人际关系本来就是个复杂的事情。孩子在处理这些关系上已经煞费苦心了，这个时候，父母再横插一脚，问这问那的，他回答的时候当然也会很不耐烦，当然也会唉声叹气了。尤其是男孩子，母亲对他来说也是异性，他更是不知道该怎么说，女孩子面对父亲也是一样的道理。

青春期的孩子，在面对异性父母的时候，内心里面已经开始抱有一种复杂的情感在里面了，孩子自己都不知道要怎么去对付这种心理，因此，才会有跟父母疏远这一说法。

当孩子开始对父母有一种腻烦心态的时候，我心里高兴极了，因为这就是孩子成长的标志。孩子说我很烦的时候，我也不会像其他母亲那样觉得孩子是在讨厌我。我就这么坚信着，然后接受了我的孩子，这样一来母子之间不必要的纷争也就没有了。

对于青春期的孩子，只有当他遇到了同龄人都处理不了的问题时，父母才应该作为最后一道堡垒出现。

我家孩子就是一个让人不用操心、有自觉性、最让人放心的孩子。就这样想着自己的孩子，温情满满地关注孩子的成长吧！

有叛逆期是理所当然的，放宽胸怀接纳这样的孩子吧。

2.别像从前一样依赖孩子

在孩子到了初高中以后，还是有很多母亲把全部精力都放在孩子的教育上，觉得孩子就是自己的一切。

"孩子考进好的大学才会有幸福的将来，因此，我现在的任务就是让孩子考进好大学，这也是我的生存价值。"相信有很多母亲为了孩子的将来，孜孜不倦地做这做那都心甘情愿。

确实是这样的，没有那个母亲愿意看到自己的孩子发生不幸，谁都想孩子过得幸福吧！

但是，幸福这个东西原本是孩子自己创造出来的，是孩子自己才能紧紧抓住的东西，不是父母能够给与的。

给予孩子幸福不是父母的义务。父母的义务难道不是培养孩子创造幸福的能力吗?

　　竭尽全力想要孩子按照预想的道路来走，但是拼尽全力换来的结果却是一个满身坏毛病的孩子。如果没有父母的话，孩子可能就真的抓不住自己的幸福了。更进一步说，如果是父母决定了孩子的幸福道路，父母应该会更加担心才对，因为这样的话，孩子就不得不依靠父母生存下去了。

　　不要认为"孩子的幸福就是我的幸福"，然后拼尽全力地去为孩子的幸福奔波。应该把孩子的人生和自己的人生分开来，试着从精神上放开孩子。

　　要认为"孩子的幸福是我幸福的一部分"，除此之外，也去寻找一些属于自己人生的幸福吧，去寻求属于自己的将来吧！

　　这样的话，或许母亲自己也会倍感幸福吧。

3.不要插手，不要插嘴

我这种说法可能有点过激了。孩子在上中学以后，对孩子的事情完全不要插手，也不要插嘴。请家长们一定要有这种意识。

理由有两个。

第一个理由就是：这个时期的孩子，日常生活中的事情，几乎没有他自己不能单独完成的。

上学时的穿着打扮、学习上的事情、社团活动等，如果父母出手干预的话，孩子反倒会依赖起父母来，心想：反正不用你们操心的事情你们也会来做，那以后就都让你们来做吧。

第二个理由就是：本来青春期的孩子就会觉得父母比较烦，你再叫孩子做这做那的，那更会让孩子觉得父母很烦。

这个时期的孩子已经不是那个对父母的话言听计从的孩子了。

当孩子处在这个时期，就经常听到一些妈妈抱怨说孩子怎么不听话了之类的，但是，要是这时候的孩子还对父母言听计从的话，我才觉得奇怪呢。

当你出口批评孩子不好好学习，也不帮忙做家务，自己的事情也不会自己做，等等，这些的时候，你可以换一种方式来告诉孩子，比如说"你现在已经长大了，也不要让妈妈老是说你了吧。你是很能干的孩子，遇到什么时候，我除了可以跟你商量以外，剩下的还得靠你自己去完成。"

说一些相信自己孩子的话，在紧要关头还是能奏效的。只要把这个信息传达给孩子，作为母亲，自己想干点什么，就沿着自己的目标努力吧！

4.不要不分情由地迎合孩子的步调

有考生的家庭，经常全家人都处于备考状态，就连其他孩子也会因此受到约束，例如，小孩子会有"哥哥要考试，这件事情最重要"这样的意识，父母也会因为孩子要考试就控制尽量少出门，旅行就更不用说了，担心家里没有人，干脆取消。受这种气氛的影响，家人的快乐也慢慢减少了。

但是，我觉得这样的担心是无用的，反倒会给孩子增加更多的压力。

父母还是父母，一家人还是一家人，大家保持轻松欢乐的氛围不变，才是孩子本人希望的，也是家人应该采取的让孩子放松的方法。

我儿子刚上高一的时候，恰好我的公司也刚成立。因为刚成立公司，所以公司的事情一天到晚都忙不完。不是出差就是开会，白天不用说，晚上不在家也是常有的事情，连做饭的时间都没有，有无数次就只是从便利店买点副食和便当回来就算一餐了。我甚至连孩子什么时候考试都不知道，儿子回家时我还问他怎么今天回来那么早啊，他就告诉今天考试。可见我还真是一个只管自己的妈妈。

我确实该为此感到抱歉。倒是我儿子自己考虑到了营养均衡，一边自配了营养套餐，一边有条不紊地继续学习。偶尔遇上考试的时候，中午饭他就做上一份拉面，里面放满了蔬菜，有时候还会给忙于工作的我做一份。

我看到孩子这个样子，就觉得这孩子还真是可靠，在心里由衷地表示感谢。

孩子为了考试拼命努力，父母同样也有自己拼命追求某种东西的时候。面对孩子的时候即便没有那么努力，即使方向都错了，只要能让孩子在旁边看到自己拼命努力样子也就足够了。

考试就跟生病是一样的，父母都不能取而代之。与其跟孩子说"真是可怜啊""妈妈好担心"之类的，还不如说"没有关系，肯定没有问题，妈妈也跟你一起努力"，相信孩子自然而然会有足够的勇气来面对自己的困难。

乍一看我写的这些，可能会觉得我这个母亲有点冷酷无情，但是把孩子和父母各自所承担的任务分开，才是双方都能自立起来的小窍门。

怎样培养出一个自立的孩子？

当孩子看到父母拼命
努力的样子之后……

孩子自然也就开始拼命努力了！

5.相信孩子一定能够超越自己

在上帝赐予你孩子的时候，你就为人父母了。这跟之前你的人生是怎么样来度过的没有关系，只是从此刻开始，你便为人父母了。

也就是说，从这一刻开始，不管你的人生如何发展，你都会下意识地背负起对孩子的责任。

当然，在孩子小的时候，孩子会觉得父母能干的事情、知道的事情都很多很多，也能够教给自己许多东西，那以后会怎么样呢？人人都会有无限可能。即便是父母和孩子之间，这种可能性也没有优劣之分。

孩子从出生到成为小孩，对什么事情都很好奇，在孩子小的时候千万不要限制小孩的梦想，无论孩子有什么梦想，想做什么，你只要心平气和地跟孩子说"去想吧""去做吧"就行了。

但是，当孩子慢慢长大，经历、积累的经验也越来越丰富时，如果总是碰上"不可能""做不到"的挫折，可能也就不愿意面对新的挑战了。

孩子这样长大成人，也为人父母后，就会以一副无所不知的样子来对待他们的孩子。以为自己比孩子经验丰富，就以自己认为正确的态度来限制孩子，把孩子囚禁在自己期望的范围里。

其实，这种限制只不过是父母从自己的人生经验中随意加给孩子的边框，包括对孩子未来的期望、自己的经验以及价值观，等等，统统强加到孩子身上。

父母对孩子的未来所抱有的愿望或者想象的场景，说到底，只是父母从自己的人生条框中想象出来的东西。

脑科学研究者苫米地英人先生在他《超越父母》一书中这样写道："一个人在评价你的时候，一定是以过去的你为基础来谈论的，绝对不是以你的将来来谈论的。"

身为父母的更是只从自己的经验出发，到现在为止看到孩子是什么样子的，就认为孩子以后都是什么样的。

这样的父母为孩子着想的初衷虽然无可厚非，但是同时也切断了孩子的一切可能性。苫米地英人先生管这样的父母叫做"梦想杀手"。

跟孩子的意志力没有任何关系，父母用自己的价值决定孩子未来的同时，也把孩子的无限可能给抹杀了。

我儿子上初高中的时候，我对他说得最多的一句话就是：我儿子就是棒！尤其是上高中时候，我可能就只跟他说了这样一句话。也许我是个糊涂妈妈，但是随着孩子一天天长大，对孩子的那份尊重也就日渐强烈，有时候根本就没有把他当成是自己的儿子，在心底有一种让我倍感自豪的存在。

我自己的父母在教育孩子的时候，就喜欢说这说那，但是我却不一样，老是说自己的孩子很棒，当然看到的就只是孩子出色的一面，而孩子本身也会日益强化这种出色感。

为了让孩子发挥他的无限可能性，作为父母，要对"孩子一定比自己更优秀，孩子一定能够超越自己"这一点深信不疑。

6.不要盲目崇拜名校

能去最好的大学当然是最好不过了，有的家庭全家人都是东京大学毕业的。

如果具备这样的条件，能够代代相传，也是件非常了不起的事情，但是正因为出生在这样的一种家庭，长大后反而痛苦不已的人也有不少。

"非东大不上"，受到这种家庭教育的孩子，尤其是男性，如果没有考上东大的话，就会得不到周围人的认可，也会为此深深自责。即便是后来自己做了老板，也会不自信，直到过了40岁，才会从这种痛苦中解脱出来。

东大在日本是大家公认的好大学。

即使是对父母来说，如果能进入东大，也很想进去吧，说实话，这也是情理之中的事情。

我也有过这样的想法。不是那种真的自己考进东大的想法，只是觉得没有比考上东大更好的选择，如此而已。

只是考进东大，然后在东大学习，有此经验，然后学会了网络技术等技能，毕业于东大，对孩子各方面的发展来说，影响确实很大，因此发展舞台也会广阔许多吧。

但如果仅限于此，而不能有助于孩子实现梦想的话，那么就什么意义都没有。

目的不是想在东大学习知识，而只是想要实现自己上东大的理想。如果是出于这种想法，对孩子就压根不要提东大的事了，因为这并不能起到什么好的效果。

我儿子之所以想考进东大，是在他高中二年级的时候，萌生了想成为兽医的想法。

这也是在事后我问他而得知的，至于我是什么时候以考进东大为目标的，我已经记不清楚了。

我儿子之前理科很好，所以对遗传学很感兴趣。后来在电视上看到猫也会得艾滋病以后，就突然对动物萌生出一种同情，这就是他想成为兽医的缘由。

　　我儿子当时的想法是，如果前期考试东大不合格，那后期就只打算报考北海道大学的医学系。"其他的大学即便考上我也不会去。"他当时就扔下这么一句话给我，然后真的其他一所学校都没有报考。在我看来，他完全是一种孤注一掷、坚持到底的心态，他为什么能够这样坚持自己想要的东西呢？说实话，我当时也觉得很不可思议。

　　作为父母，首先应该考虑一个问题：让孩子进入东大的目的是什么？

　　接下来还要结合孩子的能力、性格等各方面综合考虑，衡量一下东大是否适合孩子。如果孩子有这个潜力，他自己也愿意去东大，那最后再好好问一问孩子去东大的目的又是什么。

　　如果目的不明确，抱着试试看的态度进入东大，在遇到挫折、困难之后，也不可能有一个快乐的学习生活。

　　东大说到底也不过是一扇实现孩子理想的大门而已。

跟孩子一样，自己也去追求梦想吧！

请家长相信孩子，放手让孩子去追逐自己的梦想，

结束语

读完这本书，你有什么样的感想呢？

当初买这本书的时候是不是冲着"聪明大脑"这个词去的？但是里面所写的内容跟你想象的是否截然不同？也许有的人会觉得不是自己期待的那些内容而有些失望吧？

反之，当你读完此书，意识到本书说的不是进入东大会怎么样，而是告诉你为什么要进入东大，而一旦你有了"进入东大，又能怎么样"的想法时，便会发出"原来如此"的感叹，大概也就能与我产生共鸣了吧。

现在回过头去看，在我儿子小的时候，我确实是一个不折不扣的全职妈妈，但是，有时候我总会想，我为什么要做一个全职的教育妈妈呢？

那时候，结婚，嫁到夫家之后就只是做一些家务，后来有了孩子，就做起了全职的家庭主妇，一心只想着怎么样来育儿。我自己唯一被认同的一点也是教育孩子……

作为家庭主妇，不管你在家里付出多少，也不会得到别人的认同，所以任劳任怨地干所有的家务也就是理所当然的。因为总想着得到别人的认同，想得到别人的夸奖，在这种想法的驱使下，不知不觉中，我也喜欢说一些褒奖儿子的话了，比如，你真是很出色，也很聪明之类的。因为只有把孩子培养得有出息了，拿出了育儿的成果，才是自己被认可的唯一方法。

因此我拼死地努力着。

正是因为有这种想法，当孩子长大了一点，也就明白为什么要放手了。

要想着自己被认可的方式不只是养育孩子，还有自己在这个社会上的作用。这样一来，母子之间的关系也缓和了，各自都有要追求的东西，不再是彼此的负担，而是凭借自己的意志，信守着自己的价值观生活。

培养孩子不比做其他的工作，只要你努力努力再努力，就一定会出成果，但是培养孩子的时候不管你怎么努力，也很有可能事与愿违。有时候你越是努力，却越是会陷入进退两难的境地。

如今，活跃在社会上的一些女性也有育儿方面的烦恼，难道自己仅有的作用就是培养孩子吗？在育儿过程中，也会有种被社会遗弃的孤独感，对于结婚生子这样的事情更是不敢直视、犹豫不决。这些其实我都能够理解。

那么，怎么才能让这样的烦恼减少一点，哪怕只是很小的一点，然后让她们能毫不犹豫地选择结婚、生子呢？

因此我想，要是能把自己的育儿经验和自己领悟出来的育儿小窍门分享给大家，自己也算是有了存在的社会价值。我在写这本书的时候是这么想的，把一个孩子培养成人，应该也算是丰功伟业了，如果能再把这件事情扩展到社会上，让它具有社会价值就更好了。

一个妈妈从全职家庭主妇到养育孩子，然后再到半职的家庭主妇，最后成为一名完全独立的讲师的经历，其实就是我想传达给大家的东西。

为了将以上所说的这些变为现实，我下定了决心，

2010年初，我成立了自己的公司。公司提供这样一种服务：在培养独立自主的孩子的同时，让妈妈也独立自主。通过考核的母亲，我们会颁发"完美妈妈"这样一个荣誉称号，我也打算把这一项事业一直发展下去。

这样的话，我的育儿经验就能够在我的事业上发挥积极的作用了，换句话说，育儿这件事本身也就变成一项职业了。

我想把母亲育儿当成一种职业，更想把这种思想普及到整个日本。

这就是我写这本书的初衷，请读过这本书的大家跟我一起，为这个目标努力吧！

这本书得以出版，得到了很多人的帮助，尤其是一直不断给我力量的舜冈美寿子小姐，在策划方面给了我很多指导的畑田洋行先生，从创业到现在一直默默付出的斋藤直美小姐，一直跟我交流，给我活力的池崎晴美小姐，不断鼓励我，给我勇气和自信，并为本书做出辛苦奉献的编辑星野友绘小姐，以及每天都读我博客的各位读者朋友们，真的太感谢你们了。

　　另外，还有一直担心我并守护着我的父母，把我当成无可替代的宝贝的丈夫，允许我不可思议的大胆行为，并默默支持我的伟大的儿子，也对你们表示由衷的感谢。正因为有了这些无限的爱与感动，我才想把这本书示予众人。

　　我祈祷这本书能够让更多的妈妈们从中吸取到勇气和能量。

2010年5月

谷亚由未